IESU GRIST, DDOE, HEDDIW AC AM BYTH

CYFRES O ASTUDIAETHAU AR GYFER Y MILFLWYDDIANT

GAN
ELFED AP NEFYDD ROBERTS

Cyhoeddwyd ar ran
Eglwys Bresbyteraidd Cymru
gan Wasg Pantycelyn Caernarfon

Dylunio - StrataMatrix

Eglwys Bresbyteraidd Cymru,
53 Richmond Road, Caerdydd CF2 3UP

CYNNWYS

ⓗ Eglwys Bresbyteraidd Cymru

ISBN 1 874786 91 7

Dymuna'r cyhoeddwyr gydnabod yn ddiolchgar gefnogaeth
Cyngor Llyfrau Cymru

Cyhoeddwyd gan Wasg Pantycelyn, Caernarfon ar ran
Eglwys Bresbyteraidd Cymru. Argraffwyd yng Nghymru.

CYFLWYNIAD

gan Lywydd y Gymanfa Gyffredinol

Mewn cyfarfod o Adran y Gymanfa Gyffredinol, awdur y gyfrol hon a awgrymodd y geiriau "Iesu Grist, yr un ydyw ddoe a heddiw ac am byth" (Heb.13:8) fel arwyddair ein Cyfundeb wrth i ni droedio tua'r Milflwyddiant. Go brin iddo ystyried ar y pryd y gwahoddid ef i lunio'r Astudiaethau hyn ar ein cyfer, ac yntau ar y pryd yn ymadael â'r Coleg Diwinyddol, lle bu'n hyfforddi ein hymgeiswyr yn y gwaith o fugeilio, i ail-afael yn y gwaith hwnnw ei hun gyda diadell luosog Capel y Groes, Wrecsam.

Nid tasg ysgafn, rwy'n siŵr, fu llunio cyfrol fel hon yn nhymor y trawsnewid hwnnw. Ond, gyda'i brofiad helaeth fel gweinidog ac athro, fel awdur a phregethwr, ni ellid gwahodd neb mwy cymwys i'n tywys gyda Iesu Grist at borth y ganrif newydd.

Bu'r cyn-Brifathro, mi wn, yn gyfarwyddwr doeth mewn llawer pwyllgor ac ar aml banel, ac fel hanesydd cydnabyddedig, cyfathrebwr goleuedig a gŵr hyddysg yn yr athrawiaethau, ni ellid wrth neb mwy cytbwys, a diogel ei farn i arwain ein meddyliau heibio ddoe a heddiw, gyda diolch, at yfory ein Harglwydd byw.

Yn ein canrif ni, a miloedd o lyfrau ac ysgrifau wedi'u cyhoeddi am Iesu o Nasareth, byddai'n hawdd boddi mewn dyfroedd dyfnion. Gall Cristoleg, (astudiaeth o Berson Crist) ddenu rhai i gorddi'r dyfroedd, weithiau'n fwriadol, dro arall yn anfwriadol. Digwyddodd hyn yn fynych ar ôl i Dietrich Bonhoeffer ofyn y cwestiwn na chafodd fyw i'w ateb yn llawn: "Pwy yw Iesu Grist i ni heddiw?" Aeth rhai ati yn ail hanner y ganrif hon i ateb y cwestiwn "oddi isod" a chanolbwyntio ar "Iesu y Dyn", sef "wyneb dynol Duw." Ceisiodd yr Athro John Macquarrie ddiogelu'r paradocs sy'n britho emynau Ann Griffiths, a thawelu'r diwinyddion mwy ceidwadol sy'n mynnu dechrau "oddi uchod".

Y Parchedig W.I.Cynwil Williams B.A., B.D.

Cyn hyn bu'r drafodaeth ar Berson Crist yn cynhyrfu'r dyfroedd yn ein llysoedd ni. Digwyddodd pennod anffodus diarddel Peter Williams, Caerfyrddin yn gynnar yn hanes y Corff. Ac yn nes at ein dyddiau ni, eto yn Nyffryn Tywi, bu Tom Nefyn Williams o flaen y Sasiwn, a diarddelwyd yntau. Cyhoeddwyd llawer o gyfrolau ar Gristoleg, yn cynnwys aml ddarlith Davies, ond erbyn hyn, pwnc i'w osgoi ydyw am na allwn fentro siglo'r drol! Ond, gyda dyfodol y ddynoliaeth yn y fantol, rhaid i ni wrando ar farn pob carfan, y fintai geidwadol, y rhyddfrydwyr, y lobi gwleidyddol, a'r radicaliaid. Mae cynni'r byd yn rhwym o'n dwyn ynghyd, ac mae'r un sydd wedi'n denu ar ei ôl yn rhy barhaol fawr i'w glwyfo gan yr unllygeidiog.

Rhai blynyddoedd yn ôl, daeth cais ar ddesg y Dr. Hans-Ruedi Weber am gyfrol debyg i'r gyfrol hon. Dewisodd ef ysgrifennu am Iesu dan y teitlau: Arlunydd, y Gŵr doeth a'r Croeshoeliedig. Gwelai y gallai'r teitlau hyn apelio at ddychymyg pobl gan eu bod yn gyraeddadwy i bawb. Dyma deitlau yn gwahodd ymofynnwyr i ymarfer dychymyg a menter, i ymgymeryd â gwaith Duw yn y byd, ac mewn ufudd-dod iddo, gwarchod ein byd a'i bobl er mwyn adfer y greadigaeth yn enw Iesu, sy'n ein taflu'n gyson i bresenoldeb Duw.

Mae'r Parchedig Elfed ap Nefydd Roberts wedi defnyddio'n helaeth weithiau'r arlunwyr, ac wedi rhychwantu heb dynnu sylw at hynny, farn y gwahanol ddiwinyddion am Iesu Grist. Ac yntau'n gyfarwydd â ieithwedd glasurol yr eglwys trwy'r canrifoedd, ac yn feistr ar roi naws ddefosiynol ar ei fyfyrdodau, gwnaeth gyfraniad llenyddol nodedig yn ôl ei arfer. Bydd y gyfrol hon yn un ddefnyddiol iawn, a lle bydd cyfarwyddyd call, bydd yn gyfrol i hybu dyngarwch Cristnogol a chenhadaeth fyd-eang. Mewn gair, mae'n meithrin addoliad pellgyrhaeddol a dealltwriaeth o feddwl Iesu, y Crist.

W.I. Cynwil Williams

RHAGAIR

Prif arwyddocâd troad y Mileniwm yw mai dwy fil o flynyddoedd yn ôl y daeth Iesu Grist i'n byd ni. Ond nid nodi ffaith hanesyddol foel yn unig a wnawn ond cydnabod a dathlu cyfraniad ffurfiannol crefydd Crist i'n byd a'n gwareiddiad. Esiampl, dysgeidiaeth a dylanwad Iesu Grist a roddodd i'r ddynoliaeth ei gwerthoedd a'i delfrydau uchaf. Ac os na fu stori'r Eglwys Gristnogol bob amser yn ddilychwin a di-staen, y rheswm am hynny oedd iddi'n aml yn ei hanes golli golwg ar Iesu a rhoi cyfoeth, awdurdod bydol, ofergoeliaeth neu uniongrededd ormesol yn ei le. Ac os yw'n bywyd crefyddol heddiw yn llegach a'n tystiolaeth yn aneffeithiol, tybed nad y rheswm am hynny yw i ninnau golli golwg ar ryfeddod a her y Crist hwn?

Felly, gan mai penblwydd Iesu yn anad dim arall yw'r Mileniwn, penderfynwyd mabwysiadu fel thema ein dathliadau fel Eglwys eiriau cyfarwydd y Llythyr ar yr Hebreaid, '*Iesu Grist, yr un ydyw ddoe a heddiw ac am byth*' (Heb. 13: 8). Amcan y gyfres hon o astudiaethau yw cynorthwyo grwpiau mewn eglwysi neu mewn cartrefi i fynd i'r afael â'r cwestiwn, Pwy yw Iesu Grist i ni heddiw? Awgrymir eu defnyddio rhwng Medi a Rhagfyr fel paratoad ar gyfer troad y Mileniwm. Dechreuir trwy ofyn pwy oedd Iesu i'w gyfoedion a chanolir y pedair astudiaeth cyntaf ar '*Iesu Grist Ddoe*,' sef Iesu'r Dyn, Iesu'r Proffwyd, Iesu'r Iachäwr a Iesu'r Gwas. Y mae'r pedair astudiaeth sy'n dilyn yn ymwneud ag arwyddocâd '*Iesu Grist Heddiw*,' o dan y penawdau Iesu, Mab Duw, Iesu'r Gwaredwr, Iesu'r Arglwydd a Iesu'r Ffordd. Agweddau ar berson a gwaith Crist sydd eto i'w deall a'i sylweddoli'n llawn yn y dyfodol a drafodir o dan '*Iesu Grist am Byth*,' sef Crist, Pen Mawr yr Eglwys, Y Crist Cosmig, Crist y Barnwr, a Christ – Alffa ac Omega.

Rhoddir sylw nid yn unig i seiliau beiblaidd y cysyniadau hyn ond hefyd i ddehongliadau mwy diweddar awduron, beirdd ac arlunwyr. Bu cyfraniad celfyddyd yn eithriadol bwysig o fewn y traddodiad Cristnogol a cheir portreadau o Grist gan arlunwyr traddodiadol a chyfoes i gyd-fynd â phob un o'r astudiaethau.

Wedi defosiwn agoriadol (emyn a gweddi fer), dylai'r arweinydd roi crynodeb o'r rhagarweiniad cyn troi at yr astudiaeth feiblaidd. Dylid trefnu i aelodau o'r grŵp ddarllen yr adnodau priodol a dyfyniadau eraill a cheisio annog pawb i gyfrannu at y drafodaeth. Os bydd mwy na deuddeg yn y grŵp mantais fydd rhannu i grwpiau llai, o tua chwech yr un, i drafod y cwestiynau a'r darluniau ac yna cael adroddiad byr oddi wrth bob grŵp ar y diwedd cyn terfynu gydag ychydig funudau o weddi ac emyn.

Gobeithio y bydd yr astudiaethau hyn o gymorth i ni ymchwilio'n fanylach i ddirgelwch a rhyfeddod y Crist er mwyn i ni, yng ngeiriau Sant Richard o Chichester, 'ei weld yn gliriach, ei garu'n anwylach a'i ddilyn yn ffyddlonach,' a cherdded i mewn i'r Trydydd Mileniwm yn ei gwmni a'i nerth.

ASTUDIAETH 1
IESU'R DYN

AMCAN

Ystyried priodoleddau dynol Iesu, sef yr agweddau hynny o'i bersonoliaeth a wnaeth yr impact cyntaf ar ei gyfoedion, ac ystyried arwyddocâd ei ddyndod i'n ffydd a'n bywyd Cristnogol heddiw.

CROESO A DEFOSIWN

Emyn: *'O! am gael ffydd i edrych'* (Ll.E.169)
ac offrymu gweddi fer.

MAN CYCHWYN

Yn yr emyn a ganwyd y mae Ann Griffiths yn cyfeirio at ddwy natur mewn un person, sef natur ddynol a natur ddwyfol Iesu Grist. Y mae cred Gristnogol wedi mynnu erioed fod Iesu yn ddyn yng ngwir ystyr y gair yn ogystal â bod yn Dduw ac na ddylid colli'r cydbwysedd rhwng y ddwy natur o fewn ei berson.

Yr oedd yn gwbl naturiol i gyfoedion Iesu ei weld yn gyntaf oll fel dyn. Ar yr un pryd ansawdd anghyffredin ei ddyndod a barodd i rai ddod i gredu ei fod hefyd yn fwy na dyn cyffredin. Yn yr un modd down ninnau i weld gogoniant dynol-dwyfol Iesu trwy ddeall yn gyntaf arwyddocâd ei ddyndod. Heb gychwyn gyda Iesu'r dyn y mae perygl i ddarluniau a dehongliadau traddodiadol yr oesau ein rhwystro rhag gweld y gwir Iesu. Dyna rybudd cerdd Meirion Evans, *Credaf*.[1]

Iesu Grist Ddoe

. . . Pa beth a wnawn
â'r Crist pansi
sy'n crogi'n uchel
ar furiau festrioedd y cof?
  Rhwygwn
y bais sydd amdano
fel y gwelom y breichiau tragwyddol
yn flew a chyhyrau i gyd
a'r dwylo fel rhofiau
yn chwipio synod a senedd.
  O dan olion budr
bysedd busneslyd y blynyddoedd
a haenau hen farnish
y festri a'r fatican,
y mae'r darlun gwreiddiol
o'r Artisan o Nasareth . . .

A oes perygl fod ein syniad am Grist yn afreal, yn gynnyrch dychymyg a ffantasi? A yw'r bardd yn gywir yn tybio mai yr 'Artisan o Nasareth' yw'r darlun gwreiddiol?

ASTUDIAETH FEIBLAIDD

Mewn sawl man yn y Testament Newydd cyfeirir at Iesu fel *dyn*.

Pan welodd Ioan Fedyddiwr Iesu yn dod ato, dywedodd,

"Hwn yw'r un y dywedais i amdano, 'Ar f'ôl i y mae gŵr yn dod sydd wedi fy mlaenori i, oherwydd yr oedd yn bod o'm blaen i'" (Ioan 1: 30).

Yn yr un modd, meddai'r wraig o Samaria wrth bobl y dref,

"Dewch i weld dyn a ddywedodd wrthyf bopeth yr wyf wedi ei wneud. A yw'n bosibl mai hwn yw'r Meseia?" (Ioan 4: 29).

Iesu Grist Ddoe

Yn Efengyl Ioan ceir disgrifiad o Peilat yn dwyn Iesu allan gerbron y dyrfa:

"Daeth Iesu allan, felly, yn gwisgo'r goron ddrain a'r fantell borffor. A dywedodd Peilat wrthynt, 'Dyma'r dyn'" (Ioan 19: 5).

Meddai Pedr yn ei bregeth gyntaf yn Jerwsalem ar Sul y Pentecost,

"Wŷr Israel, clywch hyn: sôn yr wyf am Iesu o Nasareth, gŵr y mae ei benodi gan Dduw wedi ei amlygu i chwi trwy wyrthiau a rhyfeddodau ac arwyddion a gyflawnodd Duw trwyddo ef yn eich mysg chwi, fel y gwyddoch chwi eich hunain" (Actau 2: 22).

Wrth drafod swyddogaeth Iesu fel cyfryngwr rhwng Duw a dyn y mae Timotheus yn cyfeirio ato fel dyn:

"Oherwydd un Duw sydd, ac un cyfryngwr hefyd rhwng Duw a dynion, sef Crist Iesu, a oedd yntau yn ddyn" (1 Timotheus 2: 5).

Ym mhob un o'r enghreifftiau uchod disgrifir Iesu naill ai fel *gŵr*, neu fel *dyn* – y ddau air yn gyfieithiadau o ddau air Groeg, y naill yn golygu person gwrywaidd penodol, a'r llall bod dynol neu gynrychiolydd o'r ddynoliaeth. Yn y naill ystyr fel y llall yr oedd y rhai oedd yn adnabod Iesu yn y cnawd yn datgan ei fod yn ddyn, yn llawn ac yn naturiol felly.

Ar yr un pryd cysylltir ei ddyndod yn yr adnodau hyn â gweithredoedd nerthol a rhyfeddol y tu hwnt i allu dynol. Cyfeiria Ioan Fedyddiwr ato fel 'Oen Duw' ac fel un '*sydd wedi fy mlaenori i*'. Gofynna'r wraig o Samaria tybed ai'r gŵr hwn yw'r Meseia. Er i Peilat ddefnyddio'r ymadrodd '*Dyma'r dyn*', gwyddai mai dyn anarferol iawn oedd o'i flaen.

Dywed Pedr yn ei bregeth yn Jerwsalem fod Iesu yn ŵr a benodwyd gan Dduw ac amlygwyd hynny trwy wyrthiau a rhyfeddodau ac arwyddion. Pwysleisir ei ddyndod, ond ar yr un pryd dywedir fod Duw wedi arddangos natur ddwyfol Iesu trwy wyrthiau ac arwyddion. Y mae Timotheus, wedyn, yn pwysleisio mai trwy ei ddyndod y mae Iesu'n cyflawni ei waith fel cyfryngwr rhwng Duw a dyn. Fel dyn y mae'n cynrychioli'n dyndod ni gerbron Duw.

Iesu Grist Ddoe

Daw'r adnodau canlynol o ragymadrodd Marc i hanes Porthi'r Pum Mil. Er nad oes gyfeiriad penodol yn yr adnodau hyn at ddyndod Iesu, y mae Marc yn rhoi sylw i nodweddion dynol ymateb Iesu i flinder y disgyblion ac i angen y dyrfa:

'Daeth yr apostolion ynghyd at Iesu a dweud wrtho am yr holl bethau yr oeddent wedi eu gwneud a'u dysgu. A dywedodd wrthynt, "Dewch chwi eich hunain o'r neilltu i le unig a gorffwyswch am dipyn." Oherwydd yr oedd llawer yn mynd a dod, ac nid oedd cyfle iddynt hyd yn oed i fwyta. Ac aethant ymaith yn y cwch i le unig o'r neilltu. Gwelodd lawer hwy'n mynd, a'u hadnabod, a rhedasant ynghyd i'r fan, dros y tir o'r holl drefi, a chyrraedd o'u blaen. Pan laniodd Iesu gwelodd dyrfa fawr, a thosturiodd wrthynt am eu bod fel defaid heb fugail; a dechreuodd ddysgu llawer iddynt' (Marc 9: 30-34).

TRAFODAETH

1. Pa nodweddion dynol a welir yn agwedd Iesu tuag at y disgyblion a thuag at y dyrfa yn yr adnodau uchod? Beth yw eu harwyddocâd i'n dealltwriaeth ni o berson Iesu?

2. Beth a olygai Peilat pan ddywedodd am Iesu, 'Dyma'r dyn'?

3. Sut y mae canfod natur ddynol Iesu yn help i ni ganfod ei natur ddwyfol?

4. Gwaith Willis S. Wheatley, arlunydd o Ganada, yw'r llun ar ddechrau'r astudiaeth hon.[2] Sut ydych chi'n ymateb i'r portread hwn o Iesu? A yw o help inni i ddeall ei ddyndod?

DIWEDDGLO

Yr arweinydd i grynhoi prif bwyntiau'r astudiaeth.
Aelod o'r grŵp i ddarllen y dyfyniad canlynol o 'Dilyn Crist,' Hywel D. Lewis[3]:

Iesu Grist Ddoe

"Y rhyfeddod sydd yn gwneud Crist yn Dduw yw iddo fod yr hyn oedd mewn byd fel hwn. Mae yna ryw fod i'r dim, ryw addasrwydd annirnadwy yn Iesu Grist, mewn gair a gweithred, . . . yr oedd ym mhob peth 'yr un ffunud â ninnau', mae ei ddynoliaeth yn gyflawn, ac eto mor wahanol. 'Ni lefarodd neb fel y dyn hwn'; ac nid ymarweddodd neb chwaith. Un ohonom yw, ac eto nid un ohonom . . . O'i breseb i'w groes symudodd yn gyson trwy rigolau cyffredin bywyd, ac ni cheisiodd godi ohonynt, ond cawn ef yn symud hefyd ym mhob peth mewn deimensiwn cwbl wahanol i'r eiddom ni. Fel y deuwn i'w adnabod fe welwn fwyfwy yn y dyn Crist Iesu 'ogoniant megis yr Uniganedig oddi wrth y Tad, yn llawn gras a gwirionedd'."

Tawelwch a chyfle i rai arwain mewn gweddi . . .

Diweddu trwy gyd-ddarllen
> Trwy ddyndod Iesu:
> Arglwydd, dangos dy hun i ni.
> Trwy weddïau Iesu:
> Arglwydd, dysg i ni weddïo.
> Trwy dosturi Iesu:
> Arglwydd, dysg i ni ofalu am ein gilydd.
> Trwy lafur Iesu:
> Arglwydd, dysg i ni sut i weithio.
> Trwy gariad Iesu:
> Arglwydd, dysg ni sut i garu.
> Trwy groes Iesu:
> Arglwydd, dysg ni sut i fyw. Amen.

Emyn: *'Tydi sydd heddiw fel erioed'* (Atodiad 782).

Y FENDITH

ASTUDIAETH 2
IESU'R PROFFWYD

AMCAN

Edrych ar y portread o Iesu yn yr efengylau fel proffwyd a rabbi ac ystyried pwysigrwydd ei gefndir Iddewig i'n dealltwriaeth o'i ddysgeidiaeth a'i berson ac i berthynas Cristnogaeth ag Iddewiaeth heddiw.

CROESO A DEFOSIWN

Emyn: *'Wele'r Athro mawr yn dysgu'* (Ll.E. 354) ac offrymu gweddi fer.

MAN CYCHWYN

Pan fyddwn yn edrych am y tro cyntaf ar gyfres o ffotograffau byddwn yn gwrido o weld lluniau gwael ohonom ein hunain, ond yn falch o'r rhai sy'n ein portreadu'n ffafriol ac yn olygus. Er nad yw'r camera byth yn dweud celwydd, y mae'n well gennym y lluniau hynny sy'n ein dangos yn y golau mwyaf deniadol.

Cyflwyno cyfres o ddarluniau o Iesu a wna'r efengylau, ond wrth ddehongli arwyddocâd person a gwaith Iesu bu tueddi'r eglwys Gristnogol roi amlygrwydd i rai darluniau ohono ar draul darluniau eraill. Ymhlith y rhai a esgeuluswyd oedd y darluniau o Iesu fel proffwyd ac fel athro, neu rabbi. Y mae'n wir dweud nad yw'r term *proffwyd* yn ddisgrifiad cyflawn o Iesu. Ar yr un pryd, y mae'r disgrifiadau cynharaf ohono yn ei ddangos fel rabbi Iddewig, ac y mae astudiaethau cyfoes yn pwysleisio cefndir Iddewig yr efengylau a'u darlun o Iesu'r Iddew.

Y mae dau bwnc pwysig yn codi o'r darlun o Iesu fel proffwyd, sef pwysigrwydd ei ddysgeidiaeth, ac arwyddocâd y cefndir Iddewig i'n dealltwriaeth o'i berson a'i waith. O safbwynt ei ddysgeidiaeth gwelir pendilio bwriadol rhwng gofynion y Gyfraith a gofynion y Deyrnas:

Iesu Grist Ddoe

'Clywsoch fel y dywedwyd wrth y rhai gynt . . . Ond 'rwyf fi'n dweud wrthych . . .' Nid oedd hynny'n golygu fod Iesu wedi dod i ddileu'r Gyfraith na'r proffwydi, ond i'w cyflawni (Math. 5: 17).

Wrth ddehongli ei berson yr oedd awduron yr efengylau yn hawlio, ar y naill law, ei fod yn olynydd i broffwydi mawr Israel, ac ar y llaw arall ei fod yn rhagori ar ei ragflaenwyr. Meddai Efengyl Ioan, *'Trwy Moses y rhoddwyd y Gyfraith, ond gras a gwirionedd, trwy Iesu Grist y daethant'* (Ioan 1: 17). Er ei fod yn sefyll yn yr olyniaeth broffwydol, nid oedd y termau *proffwyd* a *rabbi* yn ddigonol i'w ddisgrifio'n llawn. Y canlyniad oedd i dermau megis Crist ac Arglwydd ddisodli proffwyd a rabbi o fewn athrawiaeth Gristnogol, yn enwedig wrth i Gristnogaeth bellhau fwyfwy oddi wrth ei gwreiddiau Iddewig, ac yn ddiweddarach wrth iddi adweithio yn erbyn y gred Fwslemaidd yn Iesu fel proffwyd mawr. Tybed na hauwyd hadau atgasedd rhwng Cristnogaeth ac Iddewiaeth ac Islam pan esgeuluswyd y pwyslais ar Iesu'r proffwyd ac oni ddylid ailddarganfod y pwyslais hwn heddiw?

Yn y cyswllt hwn y mae'n werth rhoi sylw i eiriau'r Dr. Gareth Lloyd Jones yn ei gyfrol *'Lleisiau o'r Lludw'.*[4]

'Wrth ymdrin â gweinidogaeth Iesu, pwysleisia'r arbenigwyr ei berthynas agos ag Iddewiaeth. Yn ôl yr ymchwil diweddaraf, yr oedd Iesu yn nes o lawer at ddysgeidiaeth y Phariseaid nag y tybid unwaith. Er iddo anghytuno â hwy ynglŷn â rhai pethau, nid anghytundeb sylfaenol mohono . . . Y mae'r pwyslais hwn ar wreiddiau Iddewig Iesu wedi agor y drws i drafodaeth ystyrlon rhwng Iddew a Christion ar gynnwys yr efengylau, a hefyd wedi esgor ar agwedd newydd, fwy cadarnhaol, ymysg Cristnogion tuag at Iddewiaeth. O gofio fod Iesu wedi byw a marw fel Iddew a barchai ei dreftadaeth, dylai'r Cristion fod yn llai parod i ddyfynnu ei eiriau er mwyn collfarnu Iddewiaeth.'

A yw Cristnogaeth wedi rhoi mwy o sylw i Grist yr Arglwydd a'r gwaredwr ar draul Crist y proffwyd a'r athro? Er enghraifft, faint o emynau sydd gennym ar Grist yr athro mewn cymhariaeth â'r nifer fawr ar Grist y gwaredwr?

ASTUDIAETH FEIBLAIDD

Disgrifir Iesu fel proffwyd gan rai oedd yn ymwybodol o'i fawredd ond heb ei adnabod fel Mab Duw. Clywodd y Tywysog Herod fod Iesu yn un o'r proffwydi wedi atgyfodi:

'Clywodd y Tywysog Herod am yr holl bethau oedd yn digwydd. Yr oedd mewn cyfyng-gyngor am fod rhai yn dweud fod Ioan wedi ei godi oddi wrth y meirw, ac eraill fod Elias wedi ymddangos, ac eraill wedyn fod un o'r hen broffwydi wedi atgyfodi. Ond meddai Herod, "Fe dorrais i ben Ioan; ond pwy yw hwn yr wyf yn clywed y fath bethau amdano?" Ac yr oedd yn ceisio cael ei weld ef.' (Luc 9: 7-9).

Gofynnodd Iesu beth oedd barn pobl amdano:

'Daeth Iesu i barthau Cesarea Philipi, a holodd ei ddisgyblion: "Pwy y mae dynion yn dweud yw Mab y Dyn?" Dywedasant hwythau, "Mae rhai'n dweud Ioan Fedyddiwr, ac eraill Elias, ac eraill drachefn, Jeremeia, neu un o'r proffwydi"' (Mathew 16: 13-14).

Ar ei ymdaith fuddugoliaethus i Jerwsalem barn y bobl eto oedd mai proffwyd oedd Iesu:

'Pan ddaeth i mewn i Jerwsalem cynhyrfwyd y ddinas drwyddi. Yr oedd pobl yn gofyn, "Pwy yw hwn?", a'r tyrfaoedd yn ateb, "Y proffwyd Iesu yw hwn, o Nasareth yng Ngalilea"' (Mathew 21: 10-11).

Ar fwy nag un achlysur defnyddiodd Iesu'r gair proffwyd i'w ddisgrifio'i hun:

"Yn wir, 'rwy'n dweud wrthych nad oes dim croeso i'r un proffwyd ym mro ei febyd" (Luc 4: 24). "Eto, heddiw ac yfory a thrennydd y mae'n rhaid imi fynd ar fy nhaith, oherwydd ni ddichon i broffwyd farw y tu allan i Jerwsalem" (Luc 13: 33).

Cydnabyddir statws arbennig Iesu fel athro a phroffwyd ym marn y bobl ar ddiwedd y Bregeth ar y Mynydd:

Iesu Grist Ddoe

'Pan orffennodd Iesu lefaru'r geiriau hyn, synnodd y tyrfaoedd at yr hyn yr oedd yn ei ddysgu, oherwydd yr oedd yn eu dysgu fel un ag awdurdod ganddo, ac nid fel eu hysgrifenyddion' (Mathew 7: 28-28).

Yng ngoleuni'r adnodau hyn gwelwn fod y defnydd o'r gair *proffwyd* fel disgrifiad o Iesu yn cynnwys nifer o elfennau.

Yn gyntaf, cyplyswyd gweithredoedd rhyfeddol Iesu â'r syniad ei fod yn broffwyd. Ystyriwyd fod proffwyd yn berson mewn perthynas bersonol agos â Duw, wedi ei gynhysgaeddu gan Dduw â gallu goruwchnaturiol.

Yn ail, ystyriwyd Iesu fel un a anfonwyd oddi wrth Dduw. Yr oedd ei gyplysu ag Elias a Jeremeia yn golygu ei fod wedi ei anfon i'r byd gan Dduw. Gan nad oedd proffwyd wedi ymddangos ers tair canrif, yr oedd yn arwyddocaol fod rhai yn ei gydnabod yn broffwyd.

Yn drydydd, ei safle fel proffwyd oedd yn peri i bobl ryfeddu at ddysgeidiaeth Iesu ac i briodoli awdurdod arbennig i'w eiriau.

Yn bedwerydd, cysylltwyd y proffwyd â merthyrdod. Gŵr oedd yn barod i aberthu ei fywyd yn y gwaith o gyhoeddi gair Duw oedd y gwir broffwyd a gwelai Iesu ei hun yn cyflawni'r swydd hunan-aberthol hon.

TRAFODAETH

1. Nid rhagfynegi'r dyfodol ond cyhoeddi gair Duw i'w oes a'i genhedlaeth yw tasg proffwyd. A ydych yn cytuno? A yw'r gair proffwyd felly yn addas fel disgrifiad o Iesu?

2. Yn wyneb y dirywiad mewn safonau moesol heddiw, a ddylem roi mwy o bwyslais ar ddysgeidiaeth foesol Iesu yn y Bregeth ar y Mynydd ac ar y Deg Gorchymyn?

3. Ym mha ystyr yr oedd Iesu yn dysgu *fel un ag awdurdod ganddo*? Beth oedd natur ei awdurdod?

4. Y mae'r darlun sy'n cyd-fynd â'r astudiaeth hon yn portreadu Iesu wedi'i groeshoelio a *tallith*, sef siôl rabbi Iddewig, amdano. O amgylch y groes ceir darluniau o Iddewon yn cael eu herlid. *White*

Crucifixion yw teitl y darlun, gan artist modern o'r enw Marc Chagall.[5] Beth, yn eich barn chi, yw neges y darlun i ni heddiw?

DIWEDDGLO

Crynhoi prif gasgliadau'r astudiaeth

Aelod o'r grŵp i ddarllen y geiriau canlynol gan Jaroslav Pelikan[6]:

> '*Y mae'r cwestiwn yn haws i'w ofyn nag i'w ateb, ac yn haws i'w osgoi na'i ofyn yn y lle cyntaf. Ond er hynny rhaid inni ei ofyn: A fuasai cymaint o Wrth-Semitiaeth, a fuasai cymaint o pogroms, a fuasai'r fath le ag Auschwitz, pe bai pob eglwys Gristnogol a phob cartref Cristnogol wedi canoli eu defosiwn ar eiconau o Fair, nid fel Mam Duw a Brenhines y Nefoedd, ond fel morwyn Iddewig a Miriam newydd, ac ar eiconau o Grist, nid yn unig fel yr Hollalluog, ond fel Rabbi Jeshua bar-Joseff, y Rabbi Iesu o Nasareth, Mab Dafydd, a hynny o fewn cyd-destun Israel ddioddefus a dynoliaeth ddioddefus?*'

Tawelwch ac amser i weddi . . .

Diweddu trwy gyd-ddarllen:

> *Arglwydd Iesu Grist,*
> *bydd i ni yn ddechreuad, bydd i ni yn ddiwedd;*
> *bydd i ni yn ffordd, bydd i ni yn oleuni;*
> *bydd i ni yn nerth, bydd i ni yn orffwysfa;*
> *bydd i ni yn Athro, bydd i ni yn wirionedd;*
> *bydd i ni yn Broffwyd, bydd i ni yn Ben;*
> *bydd i ni yn fywyd, yn Arglwydd, yn bopeth. Amen.*

Emyn: '*O! Arglwydd da, argraffa*' (Ll.E. 281)

Y FENDITH

ASTUDIAETH 3
IESU'R IACHÄWR

AMCAN
Astudio'r portread o Iesu yn yr efengylau fel iachäwr ac ystyried ystyr ac arwyddocâd iachâd o fewn y profiad Cristnogol.

CROESO A DEFOSIWN
Aelodau o'r grŵp i ledio'r emyn, 'Tydi yng Ngalilea draw', (Atodiad 830) ac i arwain mewn gweddi fer.

MAN CYCHWYN
Y mae'r emyn a ganwyd, o waith Ann L. Hughes, yn cyfeirio at dair agwedd ar waith Iesu'r Meddyg Da, sef yr hanesyddol, y dimesiwn ysbrydol heddiw, a'r meddygol-gwyddonol. Yn y pennill cyntaf cyfeirir ato'n iacháu yn nyddiau ei gnawd yng Ngalilea ac wrth lyn Bethesda. Yn yr ail bennill cyfeirir ato'n nerthu ac adfer cleifion heddiw. Yn y trydydd pennill, sonnir amdano'n gweithio drwy feddygon a nyrsys. O ddeall y berthynas rhwng yr agweddau hyn y mae deall ystyr *iachâd* o fewn ffydd a phrofiad Cristnogol heddiw. Ond rhaid dechrau gyda'r hanesyddol a cheisio deall sut oedd cyfoedion a dilynwyr cyntaf Iesu yn dehongli ei waith a'i ddylanwad fel iachäwr.

Y mae *iechyd* ac *iachâd* yn perthyn yn agos i'r ddealltwriaeth feiblaidd o iachawdwriaeth. Ystyr gwreiddiol iachawdwriaeth yn yr Hen Destament oedd *rhyddhad* – cael eich rhyddhau oddi wrth bob dim sy'n llesteirio, yn cyfyngu ac yn caethiwo, megis gelynion, pechod, temtasiwn, euogrwydd, ysbrydion drwg, ofn, newyn, gormes, clefyd a marwolaeth. Yn agos at y syniad o iachawdwriaeth fel *rhyddhad* mae pwyslais ar *gyflawnder* neu *gyfanrwydd*.

Gair sy'n cyfuno'r syniad o iachawdwriaeth/rhyddhad/ cyfanrwydd/iachâd/ yw *shalôm*, a gyfieithir ran amlaf yn *dangnefedd*. Y mae *shalôm* hefyd yn golygu harmoni ac adferiad cyfanrwydd bywyd trwy iacháu holl berthnasau dynol – y berthynas 'tuag i fyny' â Duw, 'tuag i lawr' â'r ddaear a'r amgylchedd, 'tuag allan' â'n cyd-ddynion, a 'thuag i mewn' â ni ein hunain. Wrth ddefnyddio'r gair *shalôm* fel cyfarchiad mae'r Iddew yn dymuno cyflwr o wynfyd a thangnefedd yn dilyn iachâd, harmoni a chyfanrwydd.

Ond nid canlyniad gwybodaeth ac ymdrech dyn yw iachâd/cyfanrwydd/iachawdwriaeth, ond canlyniad gwaith Duw. Daw hyn â ni at neges ganolog y Testament Newydd, sef mai ym mywyd, gweinidogaeth, marwolaeth ac atgyfodiad Iesu Grist y gwelir Duw ar waith yn adfer ein perthynas ag ef a phob perthynas arall a niweidiwyd gan bechod. Yn Iesu, daeth Duw i'n cymodi ag ef ei hun, â'n cyd-ddynion, â'n hamgylchiadau ac â ni ein hunain. Yr oedd pob gweithred o iacháu gan Iesu yn arwydd o ddyfodiad teyrnas Dduw ac o orchfygu pwerau drygioni. Nid iacháu cyrff cleifion yn unig a wnâi, ond hefyd iacháu eu meddyliau a'u heneidiau er mwyn eu tywys i gyflawnder bywyd.

Meddai'r Esgob Morris Maddocks yn ei lyfr, *'The Christian Healing Ministry'*[7]:

'Y mae unrhyw bortread o Iesu nad yw'n cynnwys elfen sylweddol o iacháu yn gwbl ffals . . . Yn gyson amgylchynwyd Iesu gan dyrfaoedd a ddaethant i chwilio amdano ac yn anochel iachaodd eu cleifion. Yn rhy aml yn hanes a diwinyddiaeth yr Eglwys anwybyddwyd y ffaith i Iesu iacháu, ac iddo iacháu'n gyson, gan weinidogaethu i'r bersonoliaeth gyfan, ac i bawb a ddygwyd ato, ac y mae tystiolaeth y Testament Newydd yn glir i bawb i'w gweld.'

Beth sy'n cyfrif am ein hesgeulusod o Grist yr iachâwr?

Iesu Grist Ddoe

ASTUDIAETH FEIBLAIDD

Bu iacháu yn amlwg yng ngweinidogaeth Iesu o'r dechrau a bu hynny'n rhan o'i apêl i'r tyrfaoedd:

'Gyda'r nos, a'r haul wedi machlud, yr oeddent yn dwyn ato yr holl gleifion a'r rhai oedd wedi eu meddiannu gan gythreuliaid. Ac yr oedd yr holl dref wedi ymgynnull wrth y drws. Iachaodd ef lawer oedd yn glaf dan amrywiol afiechydon, a bwriodd allan lawer o gythreuliaid, ac ni adawai i'r cythreuliaid ddweud gair, oherwydd eu bod yn ei adnabod' (Marc 1: 32-34).

Un tro cafodd Iesu ei gyhuddo gan rai o fwrw allan gythreuliaid trwy rym dieflig, ond atebodd fod ei wyrthiau'n arwydd o ddyfodiad y deyrnas:

"Os trwy fys Duw yr wyf fi'n bwrw allan gythreuliaid, yna y mae teyrnas Dduw wedi cyrraedd atoch" (Luc 11: 20).

Pan ddaeth negesyddion Ioan Fedyddiwr i holi ai Iesu oedd yr un oedd i ddod, atebodd hwy trwy gyfeirio at ei wyrthiau iacháu:

'Daeth y dynion ato a dweud, "Anfonodd Ioan Fedyddiwr ni atat, gan ofyn, "Ai ti yw'r hwn sydd i ddod, ai am rywun arall yr ydym i ddisgwyl?" Y pryd hwnnw iachaodd ef lawer o afael afiechydon a phlau ac ysbrydion drwg, a rhoes eu golwg i lawer o ddeillion. Ac atebodd ef hwy, "Ewch a dywedwch wrth Ioan yr hyn yr ydych wedi ei weld ac wedi ei glywed. Y mae'r deillion yn cael eu golwg yn ôl, y cloffion yn cerdded, y gwahangleifion yn cael eu glanhau a'r byddariaid yn clywed, y meirw yn codi, y tlodion yn cael clywed y newydd da. Gwyn ei fyd y sawl na ddaw cwymp iddo o'm hachos i"' (Luc 7: 20-23).

Yr oedd y gwyrthiau yn brawf o rym achubol Duw ar waith ym mherson Iesu a'u diben oedd rhoi gogoniant i Dduw:

> 'Daeth tyrfaoedd mawr ato yn dwyn gyda hwy y cloff a'r dall, yr anafus a'r mud, a llawer eraill; gosodasant hwy wrth ei draed, ac iachaodd ef hwy, er syndod i'r dyrfa wrth weld y mud yn llefaru, yr anafus yn holliach, y cloff yn cerdded a'r dall yn gweld; a rhoesant ogoniant i Dduw Israel' (Mathew 15: 30-31).

Y mae gweinidogaeth iacháu Iesu yn rhan annatod o dystiolaeth yr efengylau amdano. Ac y mae un peth yn gwbl sicr, ni ellir canfod y 'gwir Iesu' wrth ddiystyru a rhoi heibio'r gwyrthiau. Ond nid yw prif bwyslais yr hanesion gwyrthiau ar awdurdod a gallu Iesu, ac nid yw'n cyflawni gwyrthiau er gogoniant iddo'i hun, ond er gogoniant i Dduw.

Y mae'r gwyrthiau iacháu yn datgan rhai gwirioneddau sylfaenol am Dduw, am Iesu, am Deyrnas Dduw, ac am gyflawni addewion Duw yn y proffwydi:

– Yr oedd y gwyrthiau'n brawf o dosturi Duw tuag at y sawl oedd yn dioddef ac yn ddatganiad clir nad rhan o ewyllys Duw, na chosb Duw, yw afiechyd a dioddefaint.

– Un o bennaf amcanion y gwyrthiau iacháu oedd ysgogi pobl i gredu yng ngrym achubol Duw ar waith ym mherson Iesu.

– I Iesu ei hun yr oedd ei weinidogaeth iacháu yn arwyddo fod teyrnas Dduw wedi agosau. Er bod y deyrnas eto i ddod yn ei chyflawnder, y mae ei hagosrwydd a'i grym i'w canfod ym mherson a gwaith Iesu.

– Trwy gyfrwng y gwyrthiau cyflawnwyd un o addewidion pwysig yr Hen Destament, sef y byddai Duw yn iacháu ei bobl yn gorfforol ac yn ysbrydol ar awr eu hiachawdwriaeth (Gweler Eseia 35: 3-6).

TRAFODAETH

1. A ydych yn cytuno bod y gwyrthiau iacháu yn dangos yn glir nad yw afiechyd yn unol ag ewyllys a bwriad Duw ar gyfer y ddynoliaeth?

2. Ym mha ffordd y mae'r portread o Iesu fel iachäwr yn cyfrannu at ein dealltwriaeth o'i berson a'i waith?

3. 'Y mae iacháu yn elfen hollbwysig o fewn y ddysgeidiaeth feiblaidd am iachawdwriaeth gan mai bwriad Duw yw adfer y person cyfan, yn gorff, meddwl ac ysbryd.' Trafodwch.

4. *Gesu medico* yw enw'r cerflun yn y llun uchod, o waith cerflunydd modern o'r Eidal o'r enw Giovanni Meloni.[8] Beth y mae'r cerflun yn ei gyfleu i chi am angen y claf, am agwedd Iesu tuag ato ac am y modd y mae Iesu'n ei iacháu?

DIWEDDGLO

Crynhoi prif bwyntiau'r drafodaeth.

Yn ei gerdd *Mab y Saer* y mae I. D. Hooson yn gweld cysylltiad clos rhwng Iesu'r Saer yn trwsio offer a chelfi yn siop ei dad, Iesu'r meddyg yn tramwyo'r wlad yn iacháu, a Iesu'r gwaredwr yn marw ar y groes.[9]

> *Cadeiriau bregus, byrddau'r fro*
> *A ddygid beunydd ato Fo;*
> *Teganau'r plant ac offer gwlad*
> *I'w trwsio ganddo yn siop ei dad.*

> *Adferai yntau yn ddi-wall,*
> *Ei braich i'r naill, ei goes i'r llall;*
> *Trwsio, cyfannu a chryfhau*
> *Â'r hoelion llym y celfi brau.*

> *O Siop y Saer ar wŷs ei Dad*
> *Bu'n tramwy wedyn drwy y wlad;*
> *A'r fraich oedd wyw a wnaed yn gref,*
> *A'r goes oedd gloff, drwy'i allu Ef.*

> *Hwythau a roesant Ef un dydd*
> *Dan hoelion llym ar groesbren prudd;*
> *Ac yno, gan weddïo'n daer*
> *Drostynt bu farw Mab y Saer.*

Iesu Grist Ddoe

Amser i weddi, gan gofio'n arbennig am gleifion yn yr eglwys a'r ardal . . .

Pawb i gyd-ddarllen:

Arglwydd Iesu Grist, y Meddyg Da,
clyw ein gweddi ar ran y rhai sydd mewn afiechyd a phoen,
a'r rhai sydd mewn pryder ac iselder ysbryd:
ymestyn atynt yn dy rym
i leddfu poen corff a dryswch meddwl,
i ddwyn goleuni i'w tywyllwch,
ac i gyfryngu iddynt fywyd, gobaith ac iachâd;
er mwyn dy enw. Amen.

Emyn: *'O! Grist, Ffisigwr mawr y byd'* (Atodiad 791).

Y FENDITH

ASTUDIAETH 4

IESU'R GWAS

AMCAN

Astudio i ba raddau yr oedd Iesu'n dehongli ei weinidogaeth yn nhermau darlun Eseia o'r Gwas Dioddefus ac ystyried pwysigrwydd gwasanaeth a gostyngeiddrwydd yn y bywyd Cristnogol.

CROESO A DEFOSIWN

Emyn: *'O Dduw a'n creaist ar dy lun'* (Atodiad 796) a gweddi agoriadol.

MAN CYCHWYN

Y mae'r gair a ddefnyddir amlaf yn y Testament Newydd i ddynodi *gwas* hefyd yn golygu *caethwas*. Yn nyddiau Iesu nid oedd gan weision hawliau na rhyddid nac urddas o fath yn y byd. Disgwylid i was gyflawni tasgau isel, diraddiol, ac ufuddhau'n ddigwestiwn i'w feistr.

Ar yr un pryd yr oedd i'r gair gwas gysylltiadau hanesyddol a chrefyddol pwysig i'r Iddew. Defnyddiwyd yr ymadrodd *Gwas yr Arglwydd* i ddynodi unrhyw ddyn a ymroddai i wasanaethu pwrpas Duw. Ceir cyfeiriadau at Abraham, Moses, Caleb, Joshua, Elias ac Eseia fel gweision Duw. Ym mhrofwydoliaeth yr Ail Eseia (sef Eseia 40-58) ceir adrannau a elwir yn *Ganiadau'r Gwas*. Nid oes neb yn sicr pwy oedd y Gwas arbennig hwn, ond weithiau y mae'n cynrychioli Israel, weithiau'n cyfeirio at ryw ddosbarth o bobl oddi mewn i Israel, weithiau'n awgrymu un o arwyr ffydd y genedl, weithiau'n darlunio arweinydd Meseanaidd a ddisgwylid gan rai o'r Iddewon.

Iesu Grist Ddoe

Yn sicr yr oedd Caniadau'r Gwas yn rhan o ymwybod Iesu, ac yn fwy sicr fyth, yr oedd awduron yr efengylau yn credu bod Iesu'n sylweddoli delwedd y Gwas yn ei fywyd ac yn arbennig yn ei ddioddefaint a'i farwolaeth.

Gan fod ffordd y Gwas Dioddefus yn arwain trwy aberth, dioddefaint ac angau, y mae'n rhaid fod Iesu'n ymwybodol fod profiad y Gwas yn Eseia 53 yn cyfateb i'r ing a'r aberth y byddai'n rhaid iddo ef eu hwynebu petai'r byd yn ei wrthod ef a'i genadwri. Ond y mae dweud hyn ymhell iawn o brofi fod Iesu'n fwriadol yn ymgymryd â chenhadaeth Gwas yr Arglwydd ac yn cyflawni proffwydoliaethau'r Hen Destament, er i'r Cristnogion cynnar feddwl amdano yn y termau hynny.

Nid yw Iesu ein hun yn honni yn unman mae ef yw y Gwas yn ystyr swyddogol a breiniol y traddodiad Meseanaidd Iddewig. Yn hytrach y mae'n sôn amdano'i hun yn *was i bawb*, ac yn pwysleisio pwysigrwydd gwasanaeth a gostyngeiddrwydd ym mherthynas pobl â'i gilydd ac â Duw. A'r stori sy'n egluro'n well na'r un arall ystyr gweinidogaeth Iesu'r Gwas yw'r weithred o olchi traed y disgyblion.

Fel hyn y mae Isaac Jones yn esbonio'r digwyddiad yn ei werslyfr, *Bywyd a Goleuni*[10]:

'Pan ddeuai pobl i mewn i westy neu ystafell fel hon, wedi cerdded dros ffyrdd digon llychlyd mewn sandalau, y peth cyntaf a wneid oedd golchi eu traed. Tasg oedd hon a gyflawnid fel arfer gan gaethwas, ond pan na fyddai caethwas wrth law disgwylid i'r ieuengaf yn y cwmni gyflawni'r gorchwyl. Nid yw'n anodd dychmygu gweld y disgyblion yn edrych ar ei gilydd, a phob un yn amharod i ymostwng i gyflawni tasg mor wasaidd ac isel. Tra oeddynt hwy mewn cyfyng gyngor, rhoddodd Iesu ei ddillad o'r neilltu, rhwymo tywel am ei ganol, a phlygu i olchi eu traed . . . Trwy gyflawni'r gwasanaeth isel hwn rhoes Iesu wers mewn gostyngeiddrwydd a mawredd i'r disgyblion – gwers yr oedd ei gwir angen arnynt, a hwythau wedi bod yn dadlau pwy oedd fwyaf . . .

Iesu Grist Ddoe

Wedi cyflawni swydd y gwas y mae Iesu'n ymwisgo i gymryd ei le yn Arglwydd a Meistr. Y meistr yw'r gwas a'r gwas yw'r meistr. Mae Iesu'n chwyldroi yn llwyr y syniad cyffredin am allu ac awdurdod. Dengys nad mater o statws yw gwir urddas ac awdurdod ond mater o wasanaeth.'

Pam nad ydym eto wedi derbyn syniad chwyldroadol Iesu am allu ac awdurdod?

ASTUDIAETH FEIBLAIDD

Wedi i'r Phariseaid ddechrau cynllwynio yn ei erbyn penderfynodd Iesu gilio o'r neilltu, a chredai Mathew ei fod wrth wneud hynny'n cyflawni proffwydoliaeth Eseia:

'Dilynodd llawer ef, ac fe iachaodd bawb ohonynt, a rhybuddiodd hwy i beidio â'i wneud yn hysbys, fel y cyflawnid y gair a lefarwyd trwy Eseia'r proffwyd:

> "Dyma fy ngwas, yr un a ddewisais,
>
> fy anwylyd, yr ymhyfrydodd fy enaid ynddo.
>
> Rhoddaf fy Ysbryd arno,
>
> a bydd yn cyhoeddi barn i'r Cenhedloedd.
>
> Ni fydd yn ymrafael nac yn gweiddi,
>
> ac ni chlyw neb ei lais ef yn yr heolydd.
>
> Ni fydd yn mathru corsen doredig,
>
> nac yn diffodd cannwyll sy'n mygu,
>
> nes iddo ddwyn barn i fuddugoliaeth.

Ac yn ei enw ef y bydd gobaith y Cenhedloedd"' (Mathew 12: 15-21)

O ganlyniad i gais mam Iago ac Ioan i'w meibion gael lleoedd amlwg yn y deyrnas, meddai Iesu wrth ei ddisgyblion:

Iesu Grist Ddoe

'Galwodd Iesu hwy ato ac meddai, "Gwyddoch fod llywodraethwyr y Cenhedloedd yn arglwyddiaethu arnynt, a'u gwŷr mawr yn dangos eu hawdurdod drostynt. Ond nid felly y mae i fod yn eich plith chwi; yn hytrach, pwy bynnag sydd am fod yn fawr yn eich plith, rhaid iddo fod yn was i chwi, a phwy bynnag sydd am fod yn flaenaf yn eich plith, rhaid iddo fod yn gaethwas i chwi, fel Mab y Dyn, na ddaeth i gael ei wasanaethu ond i wasanaethu, ac i roi ei einioes yn bridwerth dros lawer"' (Mathew 20: 25-28).

Mewn fersiwn ychydig yn wahanol o'r un stori a adroddir gan Luc, dywed Iesu:

"'Bydded y mwyaf yn eich plith fel yr ieuengaf, a'r arweinydd fel un sy'n gweini. Pwy sydd fwyaf, yr hwn sy'n eistedd wrth y bwrdd neu'r hwn sy'n gweini? Ond yr wyf fi yn eich plith fel un sy'n gweini"' (Luc 22: 26-27)

Wedi i Iesu olchi traed ei ddisgyblion rhoddodd orchymyn iddynt i ddilyn ei esiampl ac i wasanaethu ei gilydd:

'Wedi iddo olchi eu traed, ac ymwisgo a chymryd ei le unwaith eto, gofynnodd iddynt, "A ydych yn deall beth yr ydwyf wedi ei wneud i chwi? Yr ydych chwi'n fy ngalw i yn 'Athro' ac yn 'Arglwydd', a hynny'n gwbl briodol, oherwydd dyna wyf fi. Os wyt fi, felly, a minnau'n Arglwydd ac yn Athro, wedi golchi eich traed chwi, fe ddylech chwithau hefyd olchi traed eich gilydd. Yr wyf wedi rhoi esiampl i chwi; yr ydych chwithau i wneud yn union fel yr wyf fi wedi gwneud i chwi"' (Ioan 13: 12-15).

Iesu Grist Ddoe

Yr oedd awduron yr efengylau, yn enwedig Mathew, yn credu fod Iesu'n cyflawni proffwydoliaeth Eseia am y Gwas Dioddefus, yn enwedig yn ei wyleidd-dra a'i barodrwydd i ddioddef ac aberthu ei hun er mwyn eraill. Ar yr un pryd yr oedd Iesu'n dehongli ei weinidogaeth yn nhermau gweini mwy cyffredinol a sylfaenol, sef rhoi ei hun mewn cariad, tosturi a gwasanaeth i Dduw ac i gyd-ddyn. Yn ôl Iesu'r Gwas:

–   hanfod cariad yw gwasanaeth;

–   amod gwasanaeth yw gostyngeiddrwydd;

–   canlyniad gostyngeiddrwydd yw canfod ystyr gwir fawredd.

TRAFODAETH

1.   Beth yw ystyr ac amodau gwasanaeth yn ôl dysgeidiaeth ac esiampl Iesu?

2.   Sut ddylai'r Eglwys heddiw barhau gweinidogaeth Iesu'r Gwas? A oes rhyw wasanaeth neu achos gwirfoddol penodol y dylai'r eglwys leol ymrwymo iddo?

3.   A ydym ni'n fwy awyddus i geisio urddas ac awdurdod yn nhermau clod a phwysigrwydd bydol yn hytrach nag yn nhermau gwasanaeth a gostyngeiddrwydd?

4.   Gwaith yr artist Ford Madox Brown yw'r llun uchod o Iesu'n golchi traed ei ddisgyblion.[11] Efelychodd Brown waith syml, naturiol, arlunwyr Eidalaidd cyn Raphael, ac yn y darlun hwn ceisiodd ddangos Iesu fel dyn cyffredin yn cyflawni tasg wasaidd. A yw ei bortread o Iesu yn ein helpu i ddeall urddas gwasanaeth? Beth, dybiwch chi, sy'n mynd trwy feddwl Pedr a'r disgyblion eraill yn y darlun?

DIWEDDGLO

Crynhoi'r drafodaeth a holi a oes ryw wasanaeth penodol y dylai'r eglwys ymrwymo iddo . . .
Aelod o'r grŵp i ddarllen cerdd Gwilym R. Tilsley, 'Cyfryngau'.[12]

> Nid oes ddwylo gan Grist ond ein dwylo ni
>   I wneuthur ei waith yn awr;
> Nid oes ganddo draed ond yr eiddom ni
>   I fynd ar ei neges fawr.
>
> Tafod ni fedd ond ein tafod ni
>   I sôn am rinwedd ei waed;
> Na breichiau chwaith ond ein breichiau ni
>   I ddwyn y byd at ei draed.
>
> Beth os yw'n dwylo ni'n brysur iawn
>   Mewn gwaith nad yw'n eiddo Ef?
> Beth os yw'n traed yn tramwyo'r ffordd
>   Lle mae pechod yn groch ei lef?
>
> Beth os yw'n tafod o hyd yn sôn
>   Am bethau sy'n groes i'w fryd?
> Pa fodd y disgwyliwn ei helpu Ef
>   I ddyfod yn ôl i'r byd?

Iesu Grist Ddoe

Amser i weddi rydd i'w ddiweddu trwy gyd-ddarllen:

> Arglwydd Iesu Grist,
> a ddaethost i'n plith yn wylaidd,
> gan ddarostwng dy hun a chymryd arnat ein natur ddynol ni,
> helpa ni i ddilyn dy esiampl sanctaidd
> a bod yn barod bob amser i estyn llaw i eraill mewn cymorth,
> mewn cydymdeimiad ac mewn cysur.
> Dysg ni mai mewn gostyngeiddrwydd y mae canfod gogoniant,
> ac mai mewn ufudd-dod y mae canfod urddas;
> er mwyn dy enw. AMEN.

Emyn: *'Arglwydd Iesu, llanw d'Eglwys'* (Ll.E. 341) neu *'O'r nef y daeth, Fab di-nam'* (Grym Mawl 37).

Y FENDITH

ASTUDIAETH 5

IESU, MAB DUW

AMCAN
Ceisio deall sut y daeth cyfoedion Iesu i gredu bod i'w gymeriad wedd ddwyfol a thrafod ai'r term 'Mab Duw' yw'r mwyaf addas heddiw i ddisgrifio'i ddwyfoldeb.

CROESO A DEFOSIWN
Emyn: *'Ymhlith holl ryfeddodau'r Nef'* (Ll.E. 110) a gweddi fer.

MAN CYCHWYN
Yn y pedair astudiaeth sy'n dilyn byddwn yn canoli ar arwyddocâd Iesu heddiw.

Un o nodweddion pwysicaf y grefydd Iddewig oedd y gred mewn un Duw. Yr oedd Iesu, fel pob Iddew arall yn ei ddydd, yn derbyn y gred honno. Trwy gydol eu hanes bu'r Iddewon yn amddiffyn eu crefydd rhag dylanwad amldduwiaeth crefyddau cyfagos. Eto o fewn cenhedlaeth wedi'r croeshoeliad yr oedd dilynwyr Iesu'n ei gyffesu'n 'Fab Duw' ac yn ei ddisgrifio mewn termau addas i Dduw yn unig. Yr oeddent yn gweddïo arno, yn ei addoli, ac yn hawlio mai ef oedd y Meseia hirddisgwyliedig a'r datguddiad terfynol o natur Duw.

Sut ddigwyddodd y fath ddatblygiad? Ai Iesu ei hun a hawliodd ei fod yn 'Fab Duw'? Neu ai ei ddilynwyr a ddefnyddiodd y term i fynegi eu hargyhoeddiad fod Iesu'n fwy na dyn cyffredin a bod i'w gymeriad a'i weinidogaeth wedd ddwyfol?

Iesu Grist Heddiw

Ychydig o dystiolaeth sydd yn yr efengylau fod Iesu'n ei arddel fel teitl iddo'i hun. Ar yr un pryd y mae'n gwbl amlwg fod Iesu'n ymwybodol o berthynas agos rhyngddo a Duw, tebyg i'r berthynas rhwng tad graslon a mab cariadus. Er na fedrwn ni ymdreiddio i ddirgelwch profiadau mewnol Iesu, yr oedd ei holl fywyd yn gymundeb dwfn a dirgel â Duw ac o'r cymundeb hwnnw y tarddai ei nerth moesol, ei dynerwch tuag at bawb mewn angen, a grym ei berson a'i ddylanwad. Yr oedd yr ymadrodd 'fy Nhad' yn aml ar ei wefusau ac ni ellir esbonio rhyfeddod ei bersonoliaeth a'i ddylanwad ar wahân i'w undod â'i Dad nefol a'i ymddiriedaeth ynddo.

Yr oedd ei ddilynwyr hwythau'n ymwybodol eu bod, yng nghwmni Iesu, yn ymwneud â pherson na ellid ei esbonio'n foddhaol mewn termau dynol yn unig. Yr argyhoeddiad a dyfodd ynddynt o fod yn ei gwmni oedd eu bod ym mhresenoldeb y sanctaidd a'r dwyfol. Llefarodd gydag awdurdod. Cyflawnodd wyrthiau iacháu a'u priodoli i allu Duw yn gweithredu ynddo. Amlygwyd ei fawredd yn fwyaf arbennig yn ei ostyngeiddrwydd, ei addfwynder a'i hunan-ymwadiad. Daeth ei ddilynwyr yn argyhoeddedig fod Duw ei hun yn eu cyfarfod ym mywyd a pherson Iesu a mynegwyd hynny mewn termau fel 'Meseia,' 'Arglwydd,' 'Y Gair,' a 'Mab Duw.'

Y mae ffydd a phrofiad Cristnogion dros y canrifoedd wedi cadarnhau tystiolaeth y Testament Newydd. Heddiw fel erioed y mae pobl yn canfod nad ffigur hanesyddol yn perthyn i oes bell yn ôl mohono, ond Crist byw – un sy'n dangos inni sut un yw Duw ac un sy'n trawsnewid ein bywydau ni a bywyd y byd.

Dyna fwrdwn y geiriau enwog di-enw, *'Un Bywyd Unig.'*

Iesu Grist Heddiw

Dyma ŵr ifanc a anwyd mewn pentre dinod.
Llafuriodd mewn gweithdy saer nes bod yn ddeg ar hugain oed.
Ac yna am dair blynedd arall, bu'n bregethwr crwydrol.
Ni ysgrifennodd lyfr erioed.
Ni bu erioed mewn swydd gyhoeddus.
Ni feddodd dŷ erioed ac ni bu ganddo deulu.
Ni aeth erioed i goleg.
Nid oedd ganddo ddim i'w gymeradwyo ond ei hunan . . .

Mae ugain canrif wedi dod a mynd,
a heddiw ef yw ffigur canolog yr hil ddynol.
Am yr holl fyddinoedd a orymdeithiodd erioed;
am yr holl lynghesau a foriodd erioed,
am yr holl seneddau a ymgynullodd erioed,
a'r holl frenhinoedd a deyrnasodd erioed–
ni bu i'r rhain gyda'i gilydd
effeithio ar fywyd dyn ar y ddaear fel y gwnaeth yr
*   UN BYWYD UNIG HWN.*

A ellir esbonio dylanwad yr 'Un Bywyd Unig' hwn heb ddweud fod Duw ar waith ynddo?

ASTUDIAETH FEIBLAIDD

Cadarnhawyd ymwybyddiaeth Iesu ei fod yn Fab Duw yn ei fedydd ac yn dilyn hynny y cychwynnodd allan ar ei weinidogaeth:

'Yn y dyddiau hynny daeth Iesu o Nasareth Galilea, a bedyddiwyd ef yn Afon Iorddonen gan Ioan. Ac yna, wrth iddo godi allan o'r dŵr, gwelodd y nefoedd yn rhwygo'n agored a'r Ysbryd fel colomen yn disgyn arno. A daeth llais o'r nefoedd: "Ti yw fy Mab, yr Anwylyd; ynot ti yr wyf yn ymhyfrydu"' (Marc 1: 9-11).

Iesu Grist Heddiw

Yn yr anialwch ceisiodd y temtiwr godi amheuon ym meddwl Iesu ai ef oedd Mab Duw:

'Wedi iddo ymprydio am ddeugain dydd a deugain nos daeth arno eisiau bwyd. A daeth y temtiwr a dweud wrtho, "Os Mab Duw wyt ti, dywed wrth y cerrig hyn am droi'n fara . . ." Yna cymerodd y diafol ef i'r ddinas sanctaidd, a'i osod ar dŵr uchaf y deml, a dweud wrtho, "Os Mab Duw wyt ti, bwrw dy hun i lawr . . ." ' (Math. 4: 2-3, 5-6).

Fwy nag unwaith yn yr efengylau cysylltir y teitlau 'Mab Duw' a 'Meseia', fel yng nghyffes Pedr yng Nghesarea Philipi:

'Daeth Iesu i barthau Cesarea Philipi, a holodd ei ddisgyblion, "Pwy y mae dynion yn dweud yw Mab y Dyn?" Dywedasant hwythau, "Mae rhai'n dweud Ioan Fedyddiwr, ac eraill Elias, ac eraill drachefn, Jeremeia neu un o'r proffwydi." "A chwithau," meddai wrthynt, "pwy meddwch chwi ydwyf fi?" Atebodd Simon Pedr, "Ti yw'r Meseia, Mab y Duw byw." Dywedodd Iesu wrtho, "Gwyn dy fyd, Simon fab Jona, oherwydd nid cig a gwaed a ddatguddiodd hyn iti ond fy Nhad sydd yn y nefoedd" ' (Math. 16: 13-17).

Yn Efengyl Ioan cyfeirir yn gyson at Iesu fel *Y Mab*, yn enwedig yn y cyfeiriadau mynych at y berthynas glos, gyfrin, rhwng Iesu a'i Dad:

'Atebodd Iesu hwy, "Yn wir, yn wir, 'Rwy'n dweud wrthych, nid yw'r Mab yn gallu gwneud dim ohono'i hun, dim ond yr hyn y mae'n gweld y Tad yn ei wneud. Beth bynnag y mae'r Tad yn ei wneud, hyn y mae'r Mab yntau yn ei wneud yr un modd. Oherwydd y mae'r Tad yn caru'r Mab ac yn dangos iddo'r holl bethau y mae ef ei hun yn eu gwneud. Ac fe ddengys iddo weithredoedd mwy na'r rhain, i beri i chwi ryfeddu" ' (Ioan 5: 19-20).

I grynhoi prif bwyntiau'r adnodau hyn gellir dweud

– yn raddol y gwawriodd ar Iesu yr ymwybyddiaeth ei fod yn Fab Duw ac wedi derbyn cadarnhad o hynny yn ei fedydd y cychwynnodd ar ei weinidogaeth gyhoeddus;

- er i amheuon godi yn ci fcddwl yn ystod ei demtiad, ni chollodd ei ymwybyddiaeth o fod yn Fab Duw ac o'r ymwybyddiaeth honno y tarddai ei rym moesol a'i ddylanwad;

- gwyddai Iesu na allai orfodi neb i gredu ynddo fel Meseia a Mab Duw ac y byddai'n rhaid i bawb ddarganfod hynny drostynt eu hunain;

- yn ei berthynas bersonol agos â Duw a'i bwyslais ar Dduw fel Tad y gwelwn wir ystyr yr ymadrodd Mab Duw fel disgrifiad o Iesu.

TRAFODAETH

1. A ydych yn cytuno mai annigonol ac anfoddhaol yw diffinio Iesu mewn categorïau dynol yn unig, er enghraifft, fel dyn da, proffwyd neu athrylith crefyddol?

2. Pa elfennau yn ei gymeriad a'i waith sy'n argraffu arnom ei natur ddwyfol?

3. *'Ti yw'r Mab alltud y bolltiwn ein dôr yn dy erbyn,'* meddai Alan Llwyd. A yw'n wir ein bod yn ymarhous i gydnabod dwyfoldeb Iesu a beth sy'n cyfrif am hynny?

4. Defnyddiodd El Greco Iddew ifanc o Toledo fel model ar gyfer y darlun uchod o Iesu (c.1610).[13] Yr oedd am bortreadu dwyfoldeb yn disgleirio o berson dynol. Dywedir fod El Greco wedi llwyddo i gyfuno'r cyffredin, yr artistig a'r cyfriniol yn y gwaith hwn. A ydych yn cytuno?

Iesu Grist Heddiw

DIWEDDGLO

Wedi i'r arweinydd grynhoi'r drafodaeth, aelod o'r grŵp i ddarllen cerdd Alan Llwyd, 'Y Mab Alltud.[14]

Tydi yw'r Mab alltud y bolltiwn ein dôr yn dy erbyn,
Ti yw'r un sydd yn hawlio mynediad, a'n trigleoedd ar glo;
Tydi yw'r ymwelydd o hirbell, ond nid oes neb i'th dderbyn;
Ti yw'n preswyl parhaus, ond mynnwn ein harhosle dros-dro.

Ti yw'r un sy'n absennol o'n plith yn dy hollbresenoldeb;
Ti yw'r Gair agored, ninnau heb amgyffred y Gair;
Ti yw'r rhith a ddiriaethwyd, a ninnau heb weld dy ddwyfoldeb;
er dy fwrw o'n cred, Ti yw Mab diymwared Mair.

Yng nghanol ein celwydd a'n coelion, Ti yw'r un gwirionedd;
Ti yw'r meudwy a gâr ei gymydog, Ti yw'r bugail heb braidd;
Ti yw'r Bara, a ninnau'n newynu yn ein digonedd,
Ti yw'r Gwin dilychwin, ond ei lestr a halogwn â maidd.

Dy glwyf a'n glanhaodd, ond ffynhonnau dy gorff a wenwynwn;
dy gur a'n hiachaodd, ond y balm yn dy boen a ddifwynwn.

Iesu Grist Heddiw

Tawelwch ac amser i weddi i'w derfynu drwy gyd-ddarllen:

> *O Iesu Annwyl, Mab y Bendigedig, Ceidwad pechadur,*
> *derbyn ein gwasanaeth amherffaith ac annheilwng,*
> *a gad i ni gael bod am byth, yn rhywle,*
> *yn ceisio gwneud rhywbeth drosot.*
>   *Bydd fyw yn dragywydd yn Waredwr i ni ac yn Frenin arnom,*
> *ac ar dy ben y bo'r goron yn oes oesoedd. AMEN*
> (John Jones, Tal-y-Sarn)

Emyn: *'Wele, cawsom y Meseia.'* (Ll.E. 198)

Y FENDITH

Iesu Grist Heddiw

ASTUDIAETH 6
IESU'R GWAREDWR

AMCAN
Ystyried dehongliad y Testament Newydd o'r syniad o waredigaeth ac o waith Duw yn gwaredu yn Iesu Grist, a gofyn ym mha ystyr y mae Iesu yn waredwr yn ein profiad ni heddiw.

CROESO A DEFOSIWN
Emyn: *'Rho i mi galon lân, O! Dad,'* (Ll.E.446) a gweddi agoriadol.

MAN CYCHWYN
O'r holl deitlau a ddefnyddir o fewn llenyddiaeth a defosiwn Gristnogol i ddisgrifio Iesu Grist y mwyaf cyfarwydd a'r anwylaf yw *gwaredwr*. Er mai anaml y defnyddir y gair yn yr efengylau i ddisgrifio Iesu'n uniongyrchol, nid oes unrhyw amheuaeth nad oedd y Cristnogion cynnar yn ei ystyried yn waredwr, a hynny ar sail eu profiad o faddeuant pechodau a chymod â Duw trwy gredu ynddo.

Yn yr Hen Destament Duw, a Duw yn unig, a ystyrid yn waredwr. At *'Dduw Israel, y Gwaredydd,'* y gweddïa'r Proffwyd Eseia (Es. 45: 15, 21), a cheir nifer o gyfeiriadau yn y Salmau at *'Dduw, fy ngwaredwr,'* neu *'Dduw, ein hiachawdwriaeth,'* (e.e. Salmau 24: 5; 27: 9; 65: 5; 79: 9). Yn yr un modd, ceir sawl cyfeiriad at Dduw fel gwaredwr yn y Testament Newydd. Yng Nghân Mair ceir y geiriau, *'Gorfoleddodd fy ysbryd yn Nuw, fy ngwaredwr,'* (Luc 1: 47). Y mae Paul yn disgrifio'i hun fel apostol Crist Iesu, *'trwy orchymyn Duw, ein gwaredwr,'* (1 Tim. 1: 1). Gan mai Duw sy'n gwaredu, y mae'n dilyn mai ef sydd ar waith yn Iesu Grist yn cymodi pobl ag ef ei hun. Rhaid cadw'r pwyslais hwn mewn golwg bob amser gan ei fod yn nacáu unrhyw syniad mai gwaith Iesu wrth waredu oedd perswadio Duw i edrych yn ffafriol ar y ddynoliaeth. Nid *newid* agwedd Duw tuag at ddyn a wnaeth Iesu, ond *arddangos* ei agwedd, a thrwy hynny newid agwedd dyn tuag at Dduw.

Y mae i'r gair a gyfieithir fel *gwaredu* neu *achub* nifer o ystyron. Gall olygu *rhyddhad o berygl, ormes neu gaethiwed*, a hynny'n cynnwys *iachâd o afiechyd a gwaredigaeth o afael angau*. Gall olygu hefyd cadw dyn *rhag temtasiynau a drygau* a phopeth a allai ddod rhyngddo a Duw. Defnyddir y gair yn yr ystyron eang hyn yn yr efengylau ac mewn perthynas â gwaith yr Arglwydd Iesu. Daeth Iesu i waredu'r dyn cyfan – ei gorff, ei feddwl, ei ysbryd, ei berthynas â phobl eraill, â'r byd o'i gwmpas, ag ef ei hun ac â Duw. Y mae'r Testament Newydd yn gwbl glir mai profiad o waredigaeth yw hanfod y bywyd Cristnogol ac mai mewn perthynas â Iesu a thrwy ffydd ynddo ef y mae meddiannu'r profiad.

Nid dysgeidiaeth feiblaidd haniaethol yn unig yw hon, ond mynegiant o brofiad Cristnogion yr oesau. Y mae Iesu'n waredwr heddiw, am fod pobl o hyd yn profi rhyddhad oddi wrth eu pechodau, cymod â Duw ac â'i gilydd, a llawenydd ac ystyr newydd i'w bywydau trwy ymddiried ynddo a thrwy gredu fod cariad achubol Duw yn eu cyrraedd trwy ei berson a'i groes .

Y profiad hwn, a ddaeth iddo wrth Fwrdd y Cymun yn Eglwys Talgarth ar fore'r Sulgwyn, 1735, a newidiodd fywyd Howel Harris, Trefeca:[15]

'Wrth y Bwrdd, cedwid Crist yn gwaedu ar y Groes yn gyson gerbron fy llygaid; a rhoddwyd i mi nerth i gredu fy mod yn derbyn maddeuant ar gyfrif y gwaed hwnnw. Collais fy maich; euthum tuag adref gan lamu o lawenydd; a dywedwn wrth gymydog a oedd yn drist, "Paham yr ydych yn drist? Mi a wn fod fy meiau wedi eu maddau . . ." O! ddiwrnod bendigedig, na allwn ei gofio ond yn ddiolchus dros byth!'

Iesu Grist Heddiw

Beth, dybiwch chi, a olygai Howel Harris pan soniai am gadw Crist yn gwaedu ar y groes yn gyson gerbron ei lygaid? Ai trwy brofiad tebyg i eiddo Howel Harris yn unig y mae canfod ystyr gwaredigaeth heddiw?

ASTUDIAETH FEIBLAIDD

Yn ôl awdur 1 Ioan, o ganlyniad i'w brofiad o weld Iesu, o dystio iddo ac o'i gyffesu y daeth y credinwyr cyntaf i'w adnabod fel gwaredwr:

'Yr ydym ni wedi gweld, ac yr ydym yn tystiolaethu bod y Tad wedi anfon ei Fab yn Waredwr y byd. Pwy bynnag sy'n cyffesu bod Iesu yn Fab Duw, y mae Duw yn aros ynddo ef, ac yntau yn Nuw. Felly yr ydym ni wedi dod i adnabod a chredu'r cariad sydd gan Dduw tuag atom.' (1 Ioan 4: 14-16).

Cyfieithiad arall o'r gair *gwaredu* yw *cadw.* Yn yr efengylau dywed Iesu mai wrth ei ddilyn ef ac ymwadu â'r hunan y mae dyn yn *cadw* (neu'n *gwaredu*) ei fywyd:

'Yna dywedodd Iesu wrth ei ddisgyblion, "Os myn neb ddod ar fy ôl i, rhaid iddo ymwadu ag ef ei hun a chodi ei groes a'm canlyn i. Oherwydd pwy bynnag a fyn gadw ei fywyd, fe'i cyll, ond pwy bynnag a gyll ei fywyd er fy mwyn i, fe'i caiff. Pa elw a gaiff dyn os ennill yr holl fyd a fforffedu ei fywyd?"' (Mathew 16: 24-26).

Yn dilyn hanes cyfarfyddiad Iesu â Nicodemus, dywed Efengyl Ioan mai i fynegi ei gariad at y byd, nid i gondemnio'r byd, yr anfonodd Duw ei Fab:

'Do, carodd Duw y byd gymaint nes iddo roi ei unig Fab, er mwyn i bob un sy'n credu ynddo ef beidio â mynd i ddistryw ond cael bywyd tragwyddol. Oherwydd nid i gondemnio'r byd yr anfonodd Duw ei Fab i'r byd, ond er mwyn i'r byd gael ei achub trwyddo ef' (Ioan 3: 16-17).

Iesu Grist Heddiw

Wrth gyffelybu Iesu i ddrws y gorlan ac i'r bugail da, dywed Ioan mai ei waith yw cadw ei ddefaid a'u harwain i fywyd cyflawn:

"'Myfi yw'r drws; os daw rhywun i mewn trwof fi, caiff ei gadw'n ddiogel, caiff fynd i mewn ac allan, a dod o hyd i borfa. Ni ddaw'r lleidr ond i ladrata ac i ladd ac i ddinistrio. Yr wyf fi wedi dod er mwyn i ddynion gael bywyd, a'i gael yn ei holl gyflawnder. Myfi yw'r bugail da. Y mae'r bugail da yn rhoi ei einioes dros y defaid"' (Ioan 10: 9-11).

Gan mai gwaith Duw yw ein gwaredigaeth yng Nghrist, nid oes dim y medrwn ei wneud i ennill nac i haeddu'r waredigaeth honno; trwy ras yn unig y cawn ein hachub:

'Gan mor gyfoethog yw Duw yn ei drugaredd, a chan fod ei gariad tuag atom mor fawr, fe'n gwnaeth ni, ni oedd yn feirw yn ein camweddau, yn fyw gyda Christ; trwy ras yr ydych wedi eich achub. Yng Nghrist Iesu fe'n cyfododd gydag ef a'n gosod i eistedd gydag ef yn y nefoedd, er mwyn dangos, yn yr oesoedd sy'n dod, gyfoeth difesur ei ras trwy ei diriondeb i ni yng Nghrist Iesu. Trwy ras yr ydych wedi eich achub, trwy ffydd. Nid eich gwaith chwi yw hyn; rhodd Duw ydyw; nid yw'n dibynnu ar weithredoedd, ac felly ni all neb ymffrostio. Oherwydd ei waith ef ydym, wedi ein creu yng Nghrist Iesu i fywyd o weithredoedd da, bywyd y mae Duw wedi ei drefnu ar ein cyfer o'r dechrau' (Effesiaid 2: 4-10).

Iesu Grist Heddiw

Angen pennaf dyn yw dod i iawn berthynas â Duw, â'i gyd-ddyn ac â'r byd o'i gwmpas. Yr hyn sy'n torri'r berthynas yw gwrthryfel yn erbyn Duw, anufudd-dod i'w ddeddfau, a bywyd hunanol, anystyriol o bobl eraill a'u hanghenion. Dyna, yn ei hanfod, yw pechod. Y mae'r adnodau uchod yn argraffu arnom

– mai Duw ei hun sydd ar waith yn Iesu Grist yn ein cymodi ag ef ac â'n gilydd;

– mai mynegiant o gariad a gras Duw tuag atom yw bywyd a marwolaeth Iesu;

– mai wrth droi oddi wrth yr hunan, ymddiried yn Iesu a'i ganlyn, y mae canfod bywyd;

– mai canlyniad y waredigaeth hon yw bywyd o ryddid a chyflawnder.

TRAFODAETH

1. Gellir cyfieithu'r gair *gwaredu* naill ai fel *rhyddhau, achub, cadw, cymodi* neu *iacháu*. Pa air sy'n cyfleu orau ystyr gwaredigaeth i'n hoes ni?

2. A yw'n wir dweud fod adfer ein perthynas â'n gilydd, â'n hunain ac â'n hamgylchfyd, yn ddibynnol ar adfer ein perthynas â Duw?

3. Os mai bwriad Duw wrth anfon Iesu i'r byd oedd mynegi ei gariad tuag atom, beth a ddysgwn am natur cariad Duw oddi wrth fywyd, aberth ac atgyfodiad Iesu Grist?

4. Lluniwyd y cerflun uchod gan gerflunydd o Brasil, Guido Rocha, yn 1975.[16] Ei deitl yw 'The Tortured Christ'. Bwriad yr artist, a gafodd ei boenydio ei hun mewn carchar yn Brasil, yw dangos fod Iesu yn ei uniaethu ei hun â holl ddioddefwyr y byd, yn enwedig y rhai sy'n cael eu poenydio. A yw'r cerflun o gymorth i ni i ddeall arwyddocâd Iesu'r Gwaredwr i'r oes hon?

Iesu Grist Heddiw

DIWEDDGLO

Crynhoi'r drafodaeth . . .

Ymdawelu ac aelod o'r grŵp i ddarllen rhan o awdl Siôn Ifan, 'Dwylo' [17]:

> Rhoi'r Gŵr briw ar y garw Bren
> A'i ddurio wrth y dderwen.
> Yr Iesu dall, diallu –
> Pur Oen Duw, ar y Pren du.
>
> Hir awr drist, hir awr o dranc,
> Dyna ofid Dyn Ifanc;
> Ac uwch glyn, yn goch a glas,
> awyr dân ar fur dinas.
>
> Y llu syn ar y lle serth
> yn oedfa ddiymadferth
> neu goch li - ôl gwayw a chledd –
> A'r rhwyg trwy fronnau gwragedd.
>
> A drylliog fam y mamau
> Yn awr hir, hir yr hwyrhau,
> A baich gwagedd ei gweddi
> Yn wŷn tost trwy'i henaid hi.

Iesu Grist Heddiw

Amser i weddi rydd a diweddu trwy gyd-adrodd

> *Diolch i ti, O Dduw,*
> *am i ti yng Nghrist ein cymodi â thi dy hun,*
> *helpa ni i weld ac adnabod Iesu'r Gwaredwr,*
> *i gredu ynddo,*
> *ac i gyhoeddi i eraill y newydd da am dy gariad,*
> *fel y cymoder hwy â thi,*
> *trwyddo ef a fu farw drosom ac a atgyfododd:*
> *dy Fab Iesu Grist a'n Harglwydd ninnau. Amen.*

Emyn: *'Mi glywaf dyner lais'* (Ll.E. 288).

Y FENDITH

Iesu Grist Heddiw

ASTUDIAETH 7

IESU'R ARGLWYDD

AMCAN
Canfod sut y daeth y Cristnogion cyntaf i feddwl am Iesu'n bennaf fel Arglwydd a thrafod beth yw ystyr cyffesu Iesu'n Arglwydd heddiw.

CROESO A DEFOSIWN
Emyn: *'Iesu yw'r Iôr! Y cread sy'n cyhoeddi'* (Atodiad 896) a gweddi agoriadol.

MAN CYCHWYN
Dywedir mai'r gyffes Gristnogol gyntaf erioed oedd *'Iesu yw'r Iôr.'* Mewn dogfen Gristnogol gynnar a elwir y *Didache*, a gyfansoddwyd tua diwedd y ganrif gyntaf, ceir y cyfarwyddiadau hyn ynglŷn â chynnal Sacrament Swper yr Arglwydd: *'Ar ddydd yr Arglwydd, ar ôl ymgynnull, torrwch fara a diolchwch, ar ôl cyffesu eich troseddau'n gyntaf . . . Na foed i neb fwyta ac yfed o'ch Ewcharist ond y sawl a fedyddiwyd yn enw'r Arglwydd.'* 'Roedd y credinwyr cynnar hyn nid yn unig yn cyfeirio at Iesu yn bennaf fel Arglwydd, ond yn disgrifio'r dydd cyntaf o'r wythnos pryd y byddent yn ymgynnull i addoli fel *'Dydd yr Arglwydd'.*

Yn nyddiau Iesu yr oedd i'r gair *Arglwydd* arwyddocâd teuluol, cymdeithasol a gwleidyddol, yn ogystal â chrefyddol. Defnyddiwyd y gair i ddynodi penteulu, meistr ar gaethwas, cyflogwr neu unrhyw un mewn awdurdod, nid fel teitl ond fel term o gwrteisi, fel y byddem ni'n cyfarch person fel 'Syr.' Yn achos brenhinoedd ac ymerawdwyr yn unig y defnyddiwyd *Arglwydd* fel teitl. Ond yr oedd i'r gair arwyddocâd crefyddol yn ogystal, ac i'r Iddew Duw oedd yr unig wir Arglwydd.

Iesu Grist Heddiw

Nid yw'n anodd deall sut y daeth Cristnogion o blith y Cenhedloedd i alw Iesu'n 'Arglwydd', ond y mae'n fwy anodd deall sut y daeth Cristnogion Iddewig, a feddyliai am Dduw yn unig fel 'Arglwydd', i fabwysiadu'r un term. Ond yn raddol y digwyddodd hynny a dim ond ar ôl yr Atgyfodiad y defnyddiwyd y term yn gyson fel teitl i Iesu. Nid oedd unrhyw eglurhad arall o'r Iesu hwn a fu fyw, a fu farw ac a atgyfodwyd drachefn, ond dweud ei fod yn Arglwydd ar fywyd ac angau ac felly'n rhannu yn arglwyddiaeth Duw ei hun.

Yr un pryd yn union ag yr ymledai'r eglwys ar draws yr Ymerodraeth Rufeinig yr oedd yr arfer o gyfarch yr Ymerawdwr fel *arglwydd a duw* ar gynnydd a disgwylid i ddinasyddion gydnabod ei statws dwyfol trwy arogldarthu iddo. I Gristnogion yr oedd hynny'n gwbl amhosibl a'r canlyniad oedd iddynt orfod dewis rhwng cyfaddawdu ac addoli'r Ymerawdwr, neu lynu wrth eu teyrngarwch i Iesu a wynebu erledigaeth a merthyrdod.

Nid yn nyddiau'r eglwys fore yn unig y gorfodwyd Cristnogion i ddewis rhwng aros yn ffyddlon i Iesu neu ei wadu. Y mae Dewi Eirug Davies yn ein hatgoffa yn ei gyfrol o homilïau, *Chwyldro Duw*, fod llawer yn wynebu'r dewis heddiw a phob dydd[18]:

'Cyffes gynharaf yr Eglwys oedd "Iesu'n Arglwydd". Y gyffes honno oedd sail a grym ei haddoliad, a phan ddefnyddid hi yn nyddiau'r Eglwys Fore 'roedd hynny'n gyfystyr â gwadu hawl unrhyw arglwydd neu allu arall, gan gynnwys Cesar a'r wladwriaeth i'w hufudd-dod.

Erys y gyffes fel datganiad o ffydd y Cristion a'i ymlyniad wrth yr unig un sydd yn teilyngu ei ufudd-dod a'i deyrngarwch llwyr. Nid ar chwarae bach y dylid defnyddio'r gyffes hon gan fod y geiriau "Iesu'n Arglwydd" hefyd yn gydnabyddiaeth mai ef a'n piau, ef yw ein pen. Mae'n wadiad o hawl unrhyw allu arall i'n perchenogi. Pan gawn ein temtio i roi ein hymddiriedaeth mewn duwiau gau mae'r gyffes yn ein dwyn yn ôl i lwybr Arglwyddiaeth Crist, a'i hawl ef arnom.'

Iesu Grist Heddiw

Pa alluoedd eraill sy'n ceisio ein perchenogi heddiw? A ydym mewn perygl o ildio'n ddiymwybod i'w hawdurdod?

ASTUDIAETH FEIBLAIDD

Yn yr efengylau defnyddir y gair Arglwydd i bwysleisio'r pwysigrwydd o ufuddhau i Iesu a gwneud ewyllys Duw:

"'Nid pawb sy'n dweud wrthyf, 'Arglwydd, Arglwydd', fydd yn mynd i mewn i deyrnas nefoedd, ond y sawl sy'n gwneud ewyllys fy Nhad, yr hwn sydd yn y nefoedd. Bydd llawer yn dweud wrthyf yn y dydd hwnnw, 'Arglwydd, Arglwydd, oni fuom yn proffwydo yn dy enw di, ac yn dy enw di yn bwrw allan gythreuliaid, ac yn dy enw di yn cyflawni gwyrthiau lawer? Ac yna dywedaf wrthynt yn eu hwynebau, "Nid adnabûm erioed mohonoch; ewch ymaith oddi wrthyf, chwi ddrwgweithredwyr."'" (Mathew 7: 21-23).

Yn yr hanesion am yr Atgyfodiad y dechreuir defnyddio'r gair *Arglwydd* yn gyson fel teitl i Iesu, er enghraifft, yng nghyffes Thomas wedi iddo weld Iesu'n fyw:

'Ymhen wythnos, yr oedd y disgyblion unwaith eto yn y tŷ, a Thomas gyda hwy. A dyma Iesu'n dod, er bod y drysau wedi eu cloi, ac yn sefyll yn y canol a dweud, "Tangnefedd i chwi!" Yna meddai wrth Thomas, "Estyn dy fys yma. Edrych ar fy nwylo. Estyn dy law a'i rhoi yn fy ystlys. A phaid â bod yn anghredadun, bydd yn gredadun." Atebodd Thomas ef, "Fy Arglwydd a'm Duw!" Dywedodd Iesu wrtho, "Ai am i ti fy ngweld i yr wyt wedi credu? Gwyn eu byd y rhai a gredodd heb iddynt weld."' (Ioan 20: 26-29).

Dywed Paul mai cyffesu Iesu yn Arglwydd yw man cychwyn y bywyd Cristnogol ac amod achubiaeth:

'A dyma'r gair yr ydym ni yn ei bregethu, gair ffydd, sef, "Os cyffesi Iesu yn Arglwydd â'th enau, ac os credi yn dy galon fod Duw wedi ei gyfodi ef oddi wrth y meirw, cei dy achub." Oherwydd credu â'r galon sy'n ein dwyn i gyfiawnder, a chyffesu â'r genau sy'n ein dwyn i iachawdwriaeth . . . Oherwydd yng ngeiriau'r Ysgrythur, "bydd pob un sy'n galw ar enw yr Arglwydd yn cael ei achub, pwy bynnag yw."' (Rhufeiniad 10: 8-10, 13).

Y mae arglwyddiaeth Iesu yn gwbl wahanol i allu ac awdurdod bydol. Oherwydd ei ostyngeiddrwydd a'i addfwynder y dyrchefir ef gan Dduw a'i wneud yn wrthych addoliad gan yr eglwys yn y nef ac ar y ddaear:

'O'i gael ar dull dyn, fe'i darostyngodd ei hun, gan fod yn ufudd hyd angau, ie, angau ar groes. Am hynny tra-dyrchafodd Duw ef, a rhoi iddo'r enw sydd goruwch pob enw, fel wrth enw Iesu y plygai pob glin yn y nef ac ar y ddaear a than y ddaear, ac y cyffesai pob tafod fod Iesu Grist yn Arglwydd, er gogoniant Duw Dad' (Philipiaid 2: 8-11).

Ar sail yr adnodau hyn gellir dweud i'r eglwys fore gyffesu Iesu'n Arglwydd

– oherwydd ei fod yn rhannu yng ngallu a natur Duw;

– oherwydd iddo, trwy ei allu dwyfol, atgyfodi o feirw;

– oherwydd mai ei gyffesu'n Arglwydd yw amod derbyn bywyd newydd;

– oherwydd ei fod yn hawlio ufudd-dod ymarferol oddi wrth ei ddilynwyr;

– oherwydd fod ei ogoniant a'i awdurdod, yn wahanol i bob arglwyddiaeth bydol, i'w gweld yn ei wyleidd-dra a'i ddarostyngiad;

– oherwydd ei fod yn wrthrych addoliad yr eglwys yn y nef ac ar y ddaear.

Iesu Grist Heddiw

TRAFODAETH

1. A ellir credu bod Iesu'n Arglwydd heb gredu yn ei Atgyfodiad?

2. 'Y mae derbyn arglwyddiaeth Crist yn golygu newid sylfaenol yn ein gwerthoedd a'n ffordd o fyw.' A ydych yn cytuno?

3. A yw'r pwyslais cyfoes ar ryddid a hawliau'r unigolyn yn groes i'r syniad o gyffesu Iesu'n Arglwydd ac o fyw bywyd o ufudd-dod iddo?

4. Yn ei ostyngeiddrwydd mawr y gwelir ansawdd arglwyddiaeth Iesu. Yn y darlun uchod o'r Crist atgyfodedig o waith William Blake, c.1795,[19] nid gallu ac awdurdod mewn termau bydol a welir yn ffigur Iesu, ond tynerwch ac addfwynder wrth iddo ddangos i'w ddisgyblion ôl yr hoelion yn ei ddwylo a'i draed. Ar yr un pryd, y mae goleuni dwyfol yn ei amgylchu. Beth a ddywed y portread hwn am natur arglwyddiaeth Iesu?

DIWEDDGLO

Ar ôl crynhoi'r drafodaeth, y grŵp i ymdawelu ac un i ddarllen y geiriau o ymgysegriad o Wasanaeth Cyfamodi yr Eglwys Fethodistaidd:

> *Nid ydwyf mwyach yn eiddo i mi fy hun, ond i ti.*
> *Rho imi'r dasg a fynni,*
> *gosod fi gyda'r neb a ewyllysi;*
> *dod fi i weithio, dod fi i ddioddef;*
> *gosod fi mewn gwasanaeth drosot neu tro fi heibio,*
> *dyrchafer fi neu darostynger fi er dy fwyn;*
> *gwna fi'n gyfoethog, gwna fi'n dlawd;*
> *dyro imi bopeth, gad fi heb ddim;*
> *yn ddiatal ac o'r galon*
> *ildiaf bopeth oll i'th ewyllys a'th orchymyn di.*
> *Ac yn awr, ogoneddus a bendigedig Dduw,*
> *Dad, Mab ac Ysbryd Glân,*
> *tydi wyt eiddo fi, a minnau wyf eiddot ti.*
> *Felly y byddo.*
> *A chaniatâ i'r Cyfamod a wnaethum ar y ddaear*
> *fod wedi ei sicrhau yn y nefoedd. Amen.*

Iesu Grist Heddiw

Amser i weddi rydd a chyd-ddarllen i derfynu

> *Arglwydd Iesu,*
> *gosod ni o dan dy arglwyddiaeth di.*
> *Sancteiddia ni yn dy wasanaeth,*
> *gwna ni'n ffyddlon i'n dyletswyddau,*
> *yn ostyngedig yn ein hymwneud ag eraill,*
> *yn wrol yn ein safiad dros gyfiawnder,*
> *yn ddiwyd mewn gweddi*
> *ac yn siriol a llawen yn ein tystiolaeth i ti. Amen.*

Emyn: *'Arglwydd pob gobaith ac Arglwydd pob hoen'* (Atodiad 871).

Y FENDITH

Iesu Grist Heddiw

ASTUDIAETH 8
IESU'R FFORDD

AMCAN

Canfod ystyr y disgrifiad o Iesu fel y Ffordd ac ystyried i ba gyfeiriad y mae'n ein harwain yn ein ffydd, ein profiad a'n hymddygiad heddiw.

CROESO A DEFOSIWN

Emyn: *'Ffordd newydd wnaed gan Iesu Grist'* (Ll.E.133) a gweddi fer.

MAN CYCHWYN

Yn ei gyfrol o bregethau, *Rhwydwaith Duw*, y mae Walter P. John yn gwahaniaethu rhwng 'crefydd tŷ' a 'chrefydd ffordd.' Y mae'r naill yn cynrychioli'r awydd am ddiogelwch, am le i ymguddio, i fod yn saff, i ganfod sicrwydd mewn credo, neu ddefod, neu draddodiad digyfnewid. Y mae'r llall yn cynrychioli'r parodrwydd i fentro ymlaen, i fynd allan mewn ufudd-dod i ganol bywyd, i ganfod ffyrdd newydd o genhadu a gwasanaethu pobl, i fod yn agored i'r profiadau a'r darganfyddiadau newydd sydd gan Dduw ar ein cyfer.

Crefydd ffordd yw crefydd Iesu. Nid yw ef yn caniatáu i ni lochesu'n ddiogel o fewn ein strwythurau traddodiadol. Yn hytrach y mae'n ein galw i gerdded ffordd – ffordd at Dduw, at werthoedd newydd, at y posibilrwydd o fyd newydd, ac at fywyd newydd yn y byd hwn a thu draw iddo. Ef ei hun yw'r ffordd honno ac ef yw ein cydymaith ar y daith.

Canrifoedd cyn Iesu gweddïodd y Salmydd, *'Dysg i mi dy ffordd, O Arglwydd, arwain fi ar hyd llwybr union'* (Salm 27: 11). Pryder Moses oedd y byddai'r bobl, ar ôl ei farw, yn troi oddi ar ffordd cyfraith Duw: *'Gwn y byddwch, wedi imi farw, yn ymddwyn yn gwbl lygredig, gan gilio o'r ffordd a orchmynnais i chwi; felly fe ddaw dinistr ar eich gwarthaf yn y dyddiau sy'n dod'*

(Deut. 31: 29). Trwy'r Proffwyd Eseia y mae Duw yn cyfeirio ei bobl i ffordd sancteiddrwydd ac i ufudd-dod i'w ddeddfau: *'Pan fyddwch am droi i'r dde neu i'r chwith, fe glywch â'ch clustiau lais o'ch ôl yn dweud, "Dyma'r ffordd, rhodiwch ynddi"'* (Eseia 30: 21).

Y mae Iesu yn mynd ymhellach nag anogaethau'r Hen Destament i rodio ffordd ewyllys Duw. Nid yw'n dweud, "Fe ddangosaf i chwi'r ffordd," ond yn hytrach "Myfi yw'r ffordd."

Hynny yw, y mae ffordd ffydd a bywyd i'w chanfod, nid yn unig yn nysgeidiaeth Iesu, ond yn ei berson ac yn ei gwmni ar y daith. Ef sy'n ein harwain i ganfod gwir natur Duw. Ef sy'n ein tywys i gymod â Duw. Ef sy'n plannu ynom werthoedd ac egwyddorion bywyd o fewn teyrnas Dduw. Ffordd datguddiad a ffydd, ffordd iachawdwriaeth a gras, a ffordd sancteiddrwydd a'r bywyd da, yw ffordd Iesu. Ac y mae'r tair agwedd yn plethu i'w gilydd. Ni ellir gwahanu dysgeidiaeth foesol Iesu oddi wrth ei ddatguddiad o Dduw nac oddi wrth y berthynas newydd â Duw a wnaed yn bosibl trwy ei fywyd a'i farwolaeth. Y maent i gyd yn rhan o ymdaith y Cristion yng nghwmni ei Arglwydd.

Y mae C. S. Lewis yn diweddu ei gyfrol *Surprised by Joy*, trwy gyffelybu'r profiad o ddod yn Gristion i ddarganfod ffordd allan o goedwig[21]:

'Pan ydym ar goll mewn coedwig y mae canfod arwyddbost yn fater o bwys. Y mae'r sawl sy'n ei weld gyntaf yn gwaeddi, "Drychwch!" Ymgasgla'r fintai o amgylch ac edrych. Ond wedi inni ddarganfod y ffordd, ni fyddwn yn aros i syllu bob ychydig o filltiroedd ar arwyddion eraill . . . Ni fynnem aros i edrych arnynt; nid ar y ffordd hon, hyd yn oed pe byddai eu pileri o arian a'u llythrennau o aur. "Yr ydym ni ar ein ffordd tua Jerwsalem."'

Pa arwyddion eraill heddiw sy'n ceisio ein denu oddi ar ffordd Crist?

ASTUDIAETH FEIBLAIDD

Yn dilyn addewid Iesu o drigfannau yn nhŷ ei Dad a chwestiwn Thomas am y ffordd y byddai Iesu'n ei chymryd i'r nefoedd, dywed Iesu mai ef ei hun yw'r ffordd at Dduw, gan ychwanegu mai ef hefyd yw'r *gwirionedd a'r bywyd*. Os ydym i ganfod y ffordd at y Tad rhaid inni wrth wirionedd amdano er mwyn ei adnabod, ac o'i adnabod canfyddwn fywyd:

"'Ac os af a pharatoi lle i chwi, fe ddof yn ôl a'ch cymryd chwi ataf fy hun, er mwyn i chwithau fod lle'r wyf fi. Fe wyddoch y ffordd i'r lle'r wyf fi'n mynd." Meddai Thomas wrtho, "Arglwydd, ni wyddom i ble'r wyt yn mynd. Sut y gallwn wybod y ffordd?" Dywedodd Iesu wrtho, "Myfi yw'r ffordd a'r gwirionedd a'r bywyd. Nid yw neb yn dod at y Tad ond trwof fi. Os ydych wedi f'adnabod i, byddwch yn adnabod y Tad hefyd. Yn wir, yr ydych bellach yn ei adnabod ac wedi ei weld ef'" (Ioan 14: 3-7).

Yn Llyfr yr Actau sonnir am Apolos a gafodd ei addysgu yn Ffordd yr Arglwydd, ond yr oedd ganddo lawer mwy i'w ddysgu:

'Daeth rhyw Iddew o'r enw Apolos i Effesus. Brodor o Alexandria ydoedd, a gŵr huawdl, cadarn yn yr Ysgrythurau. Yr oedd hwn wedi ei addysgu yn Ffordd yr Arglwydd, ac yn frwd ei ysbryd yr oedd yn llefaru ac yn dysgu yn fanwl y ffeithiau am Iesu, er mai am fedydd Ioan yn unig y gwyddai. Dechreuodd hwn hefyd lefaru'n hy yn y synagog, a phan glywodd Priscila ac Acwila ef, cymerasant ef atynt, ac esbonio iddo Ffordd Duw yn fanylach' (Actau 18: 24-26).

Disgrifiad o Iesu'n agor ffordd newydd i ni at Dduw trwy ei farwolaeth ar y groes sydd gan awdur y Llythyr at yr Hebreaid:

'Felly, frodyr, gan fod gennym hyder i fynd i mewn i'r cysegr drwy waed Iesu, ar hyd ffordd newydd a byw y mae ef wedi ei hagor inni drwy'r llen, hynny yw, trwy ei gnawd ef; a chan fod gennym offeiriad mawr ar dŷ Dduw, gadewch inni nesáu â chalon gywir, mewn llawn hyder ffydd, a'n calonnau wedi eu taenellu'n lân oddi wrth gydwybod ddrwg, a'n cyrff wedi eu golchi â dŵr glân' (Hebreaid 10: 19-22).

Gan i ffordd Iesu arwain trwy groes a marwolaeth, erledigaeth a ddeuai i ran y rhai a berthynai i'w ffordd. Yn ôl ei gyffes ei hun gerbron llys yn Jerwsalem bu Paul, cyn ei droëdigaeth, yn erlid rhai o'r Ffordd hon:

"'Iddew wyf fi, wedi fy ngeni yn Nharsus yn Cilicia, ac wedi fy nghodi yn y ddinas hon. Cefais fy addysg wrth draed Gamaliel yn ôl llythyren Cyfraith ein tadau, ac yr wyf yn selog dros Dduw, fel yr ydych chwithau oll heddiw. Erlidiais y Ffordd hon hyd at ladd, gan rwymo a rhoi yng ngharchar wŷr a gwragedd, fel y mae'r archoffeiriad a holl Gyngor yr henuriaid yn dystion i mi'" (Actau 22: 3-5).

Ar sail y cyfeiriadau hyn gwelir mai Iesu yw'r ffordd yn yr ystyr mai ef sy'n ein harwain at Dduw ac at lawnder bywyd yn y byd hwn ac yn y nefoedd. O'i ddilyn a'i efelychu ef gwneir ei ffordd ef yn hysbys i eraill ac o ganlyniad disgrifir y ffydd a'r bywyd Cristnogol fel *'Y Ffordd'* a'r credinwyr cynnar fel *'rhai o'r Ffordd hon.'* Oherwydd i ffordd Iesu ddod i wrthdrawiad â gwerthoedd ac egwyddorion y byd hwn, enynnodd lid yr awdurodau a chroeshoeliwyd ef. Yn yr un modd erlidiwyd ei ddilynwyr. Hyd heddiw y mae ffordd Iesu – ffordd cariad, cyfiawnder a thangnefedd – yn herio ffyrdd gormesol, rhyfelgar ac anghyfiawn y byd.

TRAFODAETH

1. Beth a golygir wrth 'y Ffordd hon' fel disgrifiad o'r ffydd Gristnogol?

2. 'Y mae dilyn ffordd Iesu yn golygu *credu a gweithredu*, a rhaid wrth y naill fel y llall: credu yn Nuw fel y mae Iesu yn ei ddatguddio ac efelychu Iesu trwy fyw y bywyd da.' Trafodwch.

3. A yw'n deg dweud mai methiant Cristnogion i gerdded ffordd Crist sy'n bennaf gyfrifol am gadw pobl rhag derbyn yr Efengyl Gristnogol?

4. *'The Power of the Powerless'* yw teitl y darlun uchod gan Rolando Zapata o Mexico (1976).[22] Cyferbynnir grym pwerau gormesol â grym cariad a diniweidrwydd. Nid yw'r groes ei hun i'w gweld, ond

gwelir yr Iesu croeshoeliedig gan blentyn bach. Beth a ddywed y darlun hwn am y gwrthdaro rhwng ffordd Crist a ffordd pwerau'r byd?

DIWEDDGLO

Yn dilyn crynhoad o'r drafodaeth aelod o'r grŵp i ddarllen y pennill olaf o emyn George Rees, 'O! Fab y Dyn'[23]:

> *Tydi yw'r ffordd, a mwy na'r ffordd i mi,*
> *Tydi yw 'ngrym:*
> *Pa les ymdrechu, f'Arglwydd, hebot Ti,*
> *A minnau'n ddim!*
> *O! rymus Un, na wybu lwfwrhau,*
> *Dy nerth a'm ceidw innau heb lesgáu.*

Amser i dawelwch a gweddi rydd. Cyd-ddarllen i ddiweddu

> *Arglwydd Iesu Grist,*
> *a ddywedaist mai ti yw'r ffordd, y gwirionedd a'r bywyd:*
> *na ad inni grwydro unrhyw bryd oddi wrthyt ti, yr hwn yw'r ffordd;*
> *nac amau dy addewidion di, yr hwn yw'r gwirionedd;*
> *na gorffwys mewn dim heblaw ti dy hun, yr hwn yw'r bywyd.*
> *Dysg ni trwy dy Ysbryd Glân*
> *beth i'w gredu, beth i'w wneud,*
> *ac ym mha le i gymryd ein gorffwys;*
> *er mwyn dy enw glân. Amen.*

Emyn: *'Dilynaf fy Mugail trwy f'oes'* (Ll.E. 633)

Y FENDITH

ASTUDIAETH 9

IESU, PEN MAWR YR EGLWYS

AMCAN

Yn y drydedd ran o'n hastudiaethau trown ac at yr Iesu tragwyddol, sef yr agweddau hynny ar berson a gwaith Iesu sydd ag arwyddocâd arbennig i'r dyfodol. I ddechrau edrychwn ar y darlun o Iesu fel pen mawr yr eglwys a gofyn beth yw ystyr a pwysigrwydd y teitl hwn i fywyd yr eglwys heddiw.

CROESO A DEFOSIWN

Emyn: *'Pan sycho'r moroedd dyfnion maith'* (Ll.E. 117) a gweddi agoriadol.

MAN CYCHWYN

Teitl yr emyn a ganwyd yw *Crist, Pen yr Eglwys* o waith Morgan Rhys. Sonia am Iesu yn ben ar ei eglwys ac yn destun clod hyd diwedd amser. Y mae ei bresenoldeb yn llenwi ei eglwys, ac fel y bydd hithau'n ymestyn allan i'r byd ac i'r dyfodol, daw'r cread i gyd i'w gydnabod a'i glodfori. Ond a yw'r darlun hwn o'r eglwys ac o'i pherthynas â Iesu yn ystyrlon i ni heddiw?

'Iesu – Ie! Yr Eglwys – Na!' Dyna bennawd pamffledyn a gynhyrchwyd ychydig flynyddoedd yn ôl ar gyfer ymgyrch efengylaidd. Erys apêl person a dysgeidiaeth Iesu hyd yn oed mewn oes secwlar, ond y mae'r eglwys fel sefydliad yn gocyn hitio parhaus, ei delwedd yn gysylltiedig ag adeiladau hynafol, gweigion, rhaniadau enwadol diystyr, a gweithgareddau amherthnasol, a'i harweinwyr yn ymddangos yn ddi-glem a diddim.

Un rheswm am y dirywiad a welwn ym mywyd yr eglwys yw'r methiant i gysylltu person herfeiddiol a chenadwri radical Iesu Grist â llesgedd a marweidd-dra'r sefydliad crefyddol. David Watson a ddywedodd na fedr yr eglwys gyhoeddi Crist i'r byd heb iddi ymgorffori Crist yn ei haddoliad, ei chymdeithas a'i bywyd.

Iesu Grist am Byth

Ni allai awduron y Testament Newydd feddwl am Iesu heb feddwl am yr eglwys, na meddwl am yr eglwys heb feddwl am Iesu. Gwelir hyn yn y darluniau a ddefnyddir ganddynt i ddisgrifio'r eglwys: *Pobl Dduw, Adeilad Duw, Cymdeithas yr Ysbryd, Teulu'r Ffydd, Priodferch yr Oen a Chorff Crist.* Ym mhob un o'r termau hyn cysylltir y sefydliad dynol (*pobl, adeilad, cymdeithas, teulu,* ac ati) â Duw, Crist, yr Ysbryd a'r Ffydd. Un o'r pwysicaf a'r mwyaf cyfoethog ohonynt yw *Corff Crist.* Paul biau'r cysyniad hwn. Y mae lle a chyfraniad gan bob un aelod o'r corff, a'r pen yw Iesu Crist.

Y pen sy'n rheoli symudiadau ac ymddygiad y corff. Felly hefyd yn yr eglwys. Rhaid i'r corff cyfan ddilyn arweiniad y pen a phlygu mewn ufudd-dod i'w reolaeth. Ar yr un pryd, gan nad oes pen heb gorff, y mae Crist yn bresennol yn undod y pen a'r corff. Er na ddylid uniaethu Iesu â'r eglwys, eto y mae yn bresennol yn ei eglwys a'i fywyd ef sy'n ei llenwi a'i sancteiddio. I'r graddau y mae'r eglwys yn agored i gyfarwyddyd Crist ei phen ac yn ufuddhau iddo y mae ef yn mynegi ei hun drwyddi i'r byd.

Fel hyn y mae'r diwinydd Pabyddol Hans Küng yn egluro'r berthynas rhwng y corff a'r pen yn ei gyfrol *The Church*[24]:

'*Y mae Crist yn rhoi ei hun i'r Eglwys, ond nid yw wedi ei gynnwys yn llwyr o'i mewn. Crist yw'r pen sy'n rheoli'r corff. Y mae'r syniad o ben yn awgrymu rheolwr. Nid yw'r Eglwys yn gallu bodoli heb iddi ddibynnu'n llwyr arno ef. Y mae'n holl bwysig fod yr Eglwys yn caniatáu i Grist fod yn ben arni; heb hynny ni all fod yn gorff iddo . . . Yn barhaus ac ym mhob peth y mae'r Eglwys yn ddibynnol ar Grist, ym mhob eiliad o'i bodolaeth y mae angen ei ras a'i faddeuant ef arni . . . Gan mai Crist yw pen yr Eglwys a chan mai ef felly yw tarddiad a diben ei thwf, nid yw twf yn bosibl heb ufudd-dod i'r pen. Os yw'r Eglwys yn anufudd i'w phen ac i'w air, ni all dyfu; bydd yn edwino pa mor weithgar a phrysur bynnag y bo.*'

Beth a olygir yn ymarferol wrth ufudd-dod i'r pen?

ASTUDIAETH FEIBLAIDD

Dywed Paul i Dduw osod Iesu yn feistr ar bob tywysogaeth ac awdurdod yn yr oes bresennol ac yn yr oes sydd eto i ddod a'i wneud hefyd yn ben ar bob peth yn yr eglwys:

'Darostyngodd Duw bob peth dan ei draed ef, a rhoddodd ef yn ben ar bob peth i'r eglwys; yr eglwys hon yw ei gorff ef, a chyflawniad yr hyn sy'n cael ei gyflawni ym mhob peth a thrwy bob peth' (Effesiaid 1: 22-23).

Yn hytrach na chael eu hudo gan syniadau ac athrawiaethau dynol cyfeiliornus, dylai pobl Dduw ddilyn y gwirionedd sydd wedi ei ddatguddio yn Iesu Grist a thyfu'n debycach iddo. Wrth ddod yn nes at Iesu, pen yr eglwys, bydd y corff cyfan yn prifio ac yn cael ei adeiladu mewn cariad:

'Nid ydym mwyach i fod yn fabanod, yn cael ein lluchio gan donnau a'n gyrru yma a thraw gan bob rhyw awel o athrawiaeth, wedi ein dal gan ystryw dynion sy'n ddyfeisgar i gynllwynio twyll. Na, gadewch i ni ddilyn y gwir mewn cariad, a thyfu ym mhob peth i Grist. Ef yw'r pen, ac wrtho ef y mae'r holl gorff yn cael ei ddal ynghyd, a'i gydgysylltu drwy bob cymal sy'n rhan ohono. Felly, trwy weithgarwch cyfaddas pob un rhan, ceir prifiant yn y corff, ac y mae'n ei adeiladu ei hun mewn cariad' (Effesiaid 4: 14-16).

Ceir yr un pwyslais yn y Llythyr at y Colosiaid. I'r graddau y mae credinwyr yn ffyddlon i Grist y pen cânt eu gwarchod rhag gau athrawiaethau a bydd y corff yn prifio:

Iesu Grist am Byth

'Crist biau'r sylwedd. Peidiwch â chymryd eich gwahardd gan ddyfarniad neb sydd â'i fryd ar ddiraddio'i hunan, ac ar addoli angylion ar sail ei weledigaethau. Ei feddwl cnawdol sy'n peri i ddyn felly ymchwyddo heb achos, ac nid oes ganddo afael ar y pen. Ond oddi wrth y pen y mae'r holl gorff yn cael ei gynnal a'i gydgysylltu trwy'r cymalau a'r gewynnau, ac felly yn prifio â phrifiant sydd o Dduw' (Colosiaid 2: 17-19).

Y mae'r adnodau hyn o Lythyrau Paul yn ein cyfeirio at wahanol agweddau ar berthynas Iesu â'i eglwys:

–   Duw a osododd Iesu'n ben ar yr eglwys fel y dyrchafwyd ef yn ben ar y greadigaeth oll. Nid yr eglwys yn unig yw tiriogaeth ei arglwyddiaeth. Y mae'n dilyn felly mai gwaith yr eglwys yw tywys y byd i'w adnabod a'i dderbyn a'i glodfori'n ben.

–   Pan ddisgrifir Crist a'i eglwys fel pen a chorff, pwysleisir y berthynas agos sy'n bodoli rhyngddynt. Yr un bywyd sy'n llifo trwy'r pen a'r corff a chan fod holl aelodau'r eglwys yn aelodau o gorff Crist, y mae'n dilyn fod ei fywyd ef yn eu llenwi ac yn rhoi cyfeiriad a grym i'r corff cyfan.

–   Gan fod Iesu'n ben ar ei eglwys y mae'n arglwydd ac yn awdurdod drosti. Cyfrifoldeb cyntaf yr eglwys yw bod yn agored i feddwl ac ewyllys ei Harglwydd ac ufuddhau iddo.

–   Yr ufudd-dod hwn yw amod twf yr eglwys. Gan mai bywyd dwyfol Iesu, nid ymdrechion ac egnïon dynol, yw tarddiad a symbyliaeth ei thwf, y mae ei fywyd ef yn llifo iddi a thrwyddi ac yn peri iddi dyfu ac ymestyn i'r graddau y mae'n ufudd iddo fel ei phen.

Iesu Grist am Byth

TRAFODAETH

1. A oes perygl inni osod arferiad, traddodiad enwadol, cyffes ffydd, cyfansoddiad llysoedd, neu ddylanwad arweinyddion, o flaen Iesu'r pen fel y prif awdurdod ym mywyd yr eglwys?

2. Os yw Iesu'n ben ar ei eglwys a'i fywyd ef yn llifo trwyddi, beth yw achos dirywiad a diflaniad nifer fawr o eglwysi heddiw?

3. Sut mae eglwys i ganfod beth yw meddwl ac ewyllys Crist ar ei chyfer?

4. Pan atgyweiriwyd Eglwys Gadeiriol Llandâf, yn dilyn y difrod a wnaed i'r adeilad yn ystod yr Ail Ryfel Byd, gosodwyd y cerflun uchod o Grist o waith Epstein ar ben bwa concrid ar draws corff yr eglwys. Teitl y cerflun yw *Majestas*. Beth a ddywed y cerflun a'i leoliad am benarglwyddiaeth Crist ar ei eglwys?

Iesu Grist am Byth

DIWEDDGLO

Yn dilyn crynhoad o'r drafodaeth, aelod o'r grŵp i ddarllen y dyfyniad canlynol o 'Gweddïau'r Pererin' gan John Johansen-Berg, wedi ei gyfieithu gan Glyn Tudwal Jones[25]:

> A ydych fel brwynen,
>> yn cael eich siglo ffordd hyn a'r llall
>>> gan bob ryw awel?
> Neu a ydych fel planhigyn yn tyfu,
>> wedi ei wreiddio'n ddiogel yn y ddaear,
>>> yn medru gwrthsefyll pob gwynt croes
>>>> gan dyfu o hyd yn agosach at Dduw?
> I ddefnyddio delwedd arall,
>> rydych yn rhan o gorff
>>> sy'n canfod ei gryfder a'i gyfeiriad
>>>> yn Iesu Grist, y pen.
> Fe dyf y corff hwn yn gryf trwy gariad.
> Felly y mae o fewn ein cymdeithas,
>> bob amser yn barod i ddweud y gwir, a hynny mewn cariad,
>> er mwyn i'n hundod gael ei ddiogelu
>>> ac i'r corff barhau i dyfu.
> Ai dyna natur y gymdeithas yr ydych yn perthyn iddi?
> A yw Crist yn wir yn ben ar y corff?
> A ydych yn un yn eich gofal er lles pawb?

Iesu Grist am Byth

Amser o dawelwch a gweddi. Cyd-ddarllen i derfynu:

> *Eiddot ti, O Iesu, yw dy eglwys ar y ddaear:*
> *eiddot ti yw ei nerth a'i gobaith,*
> *ei ffydd a'i hymdrechion,*
> *ei chryfder a'i gwendid,*
> *ei llwyddiant a'i methiant.*
> *Eiddot ti yw'r cyfan, ac fel yr wyt yn medru defnyddio'r cyfan,*
> *defnyddia ninnau fel yr ydym*
> *i gyflawni dy waith ac i estyn dy deyrnas. Amen.*

Emyn: *'O! pâr i'th Eglwys, ti'r Winwydden wir,'* (Atodiad 864).

Y FENDITH

ASTUDIAETH 10
Y CRIST COSMIG

AMCAN

Ceisio deall ystyr y cyswllt yn y Testament Newydd rhwng Iesu Grist a chreadigaeth a chynhaliaeth y byd, ac ystyried ymlygiadau'r gred yn y Crist Cosmig i'n hagwedd ni at y cread a'r amgylchfyd heddiw.

CROESO A DEFOSIWN

Emyn: *'Arglwydd y gofod di-ben-draw'* (Atodiad 790), a gweddi agoriadol.

MAN CYCHWYN

Brawddeg gyntaf y Beibl yw, *'Yn y dechreuad creodd Duw y nefoedd a'r ddaear.'* Brawddeg gyntaf Credo'r Apostolion yw, *'Credaf yn Nuw, y Tad Hollalluog, creawdwr nef a daear,'* – geiriau sy'n ategu adnod agoriadol Genesis ond gydag un gwahaniaeth, sef fod Duw y creawdwr yn cael ei ddisgrifio fel *Tad Hollalluog.* Hynny yw, y mae ffydd Gristnogol yn pwysleisio mai'r Duw a greodd y byd yw'r Duw a ddatguddiodd ei hun yn Iesu Grist. Y mae'r creawdwr hefyd yn waredwr. Ac y mae rhesymau da am y pwyslais hwn.

      Mae'r Beibl yn gwbl bendant mai creadigaeth nid damwain yw'r byd – gweithred Duw doeth, sanctaidd a galluog. Ond y mae un broblem wedi blino crefyddwyr erioed, sef presenoldeb drygioni yn y byd. O b'le daeth drygioni? Ai creadigaeth bwriadol Duw ydyw? Os felly, nid yw Duw yn dda. Ai rhyw nam yng ngwaith Duw sy'n gyfrifol amdano? Os felly, nid yw'n hollalluog. Yn nyddiau'r eglwys fore cynigiwyd ateb i'r ddilema gan grŵp o feddylwyr a elwid y *Gnosticiaid.* Ateb rhai o'r Gnosticiaid oedd nad Duw a greodd y byd, ond nifer o is-dduwiau, amherffaith a llai galluog. Ateb eraill ohonynt oedd mai Duw dialgar, creulon yr Hen Destament a greodd y byd, nid y Duw perffaith sanctaidd, sef Duw a Thad yr Arglwydd Iesu Grist.

Yn wyneb y ddamcaniaeth beryglus hon am ddau dduw mewn gwrthdaro â'i gilydd yr oedd awduron y Testament Newydd am ddangos mai'r Duw a waredodd y byd yn Iesu Grist a greodd y byd yn y lle cyntaf. Os mai yn Iesu y gwaredodd Duw y byd, ac os mai Iesu oedd Gair tragwyddol Duw wedi dod yn gnawd i'n daear ni, yna yr oedd yn dilyn fod y Gair ymgnawdoledig yn un â'r Gair a ddaeth â'r byd a'r bydoedd i fod. Trwy'r Mab y crewyd y byd yn y lle cyntaf, a thrwy'r Mab yr ailgrewyd y byd trwy'r groes a'r atgyfodiad. Yr oedd creadigaeth a gwaredigaeth yn weithredoedd yr un Duw, y naill fel y llall drwy'r un Mab. Yna, aethpwyd gam ymhellach. Os mai trwy Grist y daeth pob peth i fod, ac os mai trwy Grist y gwaredwyd pob peth, yna y mae Crist yn Arglwydd ar bob peth, ac yn y diwedd bydd pob peth yn dod i'w gyflawnder ynddo ef.

Nid hollti blew diwinyddol di-fudd yw'r ddysgeidiaeth hon am y Crist Cosmig ac nid ymgais i ddatrys problem oedd yn poeni meddylwyr y ganrif gyntaf yn unig. Y mae dweud mai trwy Grist y crewyd y byd, mai trwy Grist yr achubir y byd, ac mai ef yw Arglwydd y greadigaeth, yn dweud rhai pethau pwysig am ein perthynas ni â'r byd o'n cwmpas ac am ein cyfrifoldeb i gydweithio â Christ i warchod ac achub y byd.

Y *Ddaear Dda* yw teitl Salm fodern W. Rhys Nicholas.[26] Y mae'r ddaear yn dda am mai Duw da a'i creodd ac a'i rhoddodd i ni yn dreftadaeth dda.

Iesu Grist am Byth

O! Arglwydd y gogoniant glân,
rhoddaist inni'r ddaear
yn dreftadaeth dda ac yn ymddiriedaeth barhaus,
a gwelsom ryfeddod ei gwead
mewn lliw
a llun
a phatrwm.
Ei hawyr oedd bur,
ei ffynhonnau'n fyrlymog lân,
a'i gwyrddlesni yn ddiogelwch iachusol.

Ond fel anifail yn sathru meillion
buom ddibris o'n hetifeddiaeth,
gan chwythu gwenwyn i'r entrych,
llygru'r dyfroedd a rheibio'r fforestydd glaw.
Holltasom graidd yr atom
a rhyddhau grymuster brawychus
sy'n torri dros ein terfynau simsan
a threiddio i'n hesgyrn
ac esgyrn ein hepil
a'n hanifeiliaid.

Iesu Grist am Byth

Maddau inni am asideiddio'r llynnoedd,
am roi ein carthion
i'r nentydd rhedegog
ac i'r môr aflonydd,
a rhoi had marwolaeth
yn chwaraele'r plant.
Trugarha wrthym,
am i ni lygadu'r elw
heb weld y golled,
am inni fynnu cael
heb geisio cadw.
Tyn ni o gysgodion ein rhyfyg
i'r goleuni sy'n iacháu.

O! Grëwr doeth,
O! Gynhaliwr gofalus,
gwna ni yn gyfeillion
i'r ddaear dda;
dysg ni i adnabod yr harddwch
sy'n iachawdwriaeth,
a'r purdeb
sy'n cynnal y gwerthoedd gwâr,
a thrwy ryfeddod dy ras
arwain ni at ffynnon y dyfroedd byw,
ac at yr Hwn a ddaeth
i geisio ac i gadw yr hyn a gollasid.

*A ydych yn cytuno bod credu yn y Crist Cosmig yn gosod cyfrifoldeb ar
Gristnogion i ymateb i'r argyfwng ecolegol heddiw a gweithio i warchod yr
amgylchfyd?*

Iesu Grist am Byth

ASTUDIAETH FEIBLAIDD

I awdur Efengyl Ioan y mae credu mai Iesu Grist yw Gair Duw yn golygu hefyd mai trwyddo ef y crewyd bob peth:

'Yn y dechreuad yr oedd y Gair; yr oedd y Gair gyda Duw, a Duw oedd y Gair. Yr oedd ef yn y dechreuad gyda Duw. Daeth pob peth i fod trwyddo ef; hebddo ef ni ddaeth un dim i fod. Yr hyn a ddaeth i fod, ynddo ef bywyd ydoedd, a'r bywyd, goleuni dynion ydoedd' (Ioan 1: 1-4).

Yn y Llythyr at y Colosiaid y mae Paul yn mynd ymhellach yn ei ymresymiad. Os mai trwy Grist y crewyd bob peth, yna y mae ef yn ben ar bob peth ac ef hefyd sy'n cynnal ac yn cymodi pob peth:

'Hwn yw delw'r Duw anweledig, cyntafanedig yr holl greadigaeth; oherwydd ynddo ef y crewyd pob peth yn y nefoedd ac ar y ddaear, pethau gweledig a phethau anweledig, gorseddau, arglwyddiaethau, tywysogaethau ac awdurdodau. Trwyddo ef ac er ei fwyn ef y mae pob peth wedi ei greu. Y mae ef yn bod cyn pob peth, ac ynddo ef y mae pob peth yn cydsefyll. Ef hefyd yw pen y corff, sef yr eglwys . Ef yw'r dechrau, y cyntafanedig o blith y meirw, i fod ei hun yn gyntaf ym mhob peth. Gwelodd Duw yn dda i'w holl gyflawnder breswylio ynddo ef, a thrwyddo ef, ar ôl gwneud heddwch trwy ei farw aberthol ar y groes, i gymodi pob peth ag ef ei hun, y pethau sydd ar y ddaear a'r pethau sydd yn y nefoedd' (Colosiaid 1: 15-20).

Yn ôl awdur y Llythyr at yr Hebreaid, y mae'r Crist y gwnaed y cyfanfyd drwyddo a'r un sy'n cynnal pob peth â'i air, o'r un sylwedd â Duw y Tad:

'Hwn yw'r un a benododd Duw yn etifedd pob peth, a'r un y gwnaeth y cyfanfyd drwyddo. Y mae'n adlewyrchu gogoniant Duw, ac y mae stamp ei sylwedd ef arno; ac y mae'n cynnal pob peth â'i air nerthol. Ar ôl iddo gyflawni puredigaeth pechodau, eisteddodd ar ddeheulaw'r Mawrhydi yn yr uchelder' (Hebreaid 1: 2-3).

Iesu Grist am Byth

Ystyr y gair *cyntafanedig* yn Colosiaid 1:15 yw y *cyntaf mewn anrhydedd,* neu *y cyntaf o ran safle.* Crist yw'r *cyntafanedig o blith y meirw.* Hynny yw, yr un oedd yn bodoli yn y dechreuad gyda Duw yw'r un sydd uwchlaw amser, yn dragwyddol, ac felly y tu hwnt i afael marwolaeth a'r bedd. Y mae rhai elfennau pwysig yn y gred yn y Crist Cosmig.

– Y Duw a ddatguddir yn Iesu Grist, y Duw sy'n Dad ac yn gariad, yw creawdwr y byd a'r bydoedd.

– Y Gair dwyfol a greodd bob peth yn y dechrau yw'r Gair a ddaeth yn gnawd yn y dyn Iesu o Nasareth i ddelio â phroblem drygioni ac i gymodi'r byd â Duw trwy ei angau ar y groes a'i atgyfodiad.

– Grym a chariad y Gair dwyfol yng Nghrist sy'n hydreiddio a chynnal y greadigaeth ac a fydd yn ei dwyn i'w chyflawnder yn y diwedd.

– Gwaith Cristnogion a'r eglwys yw tystio i fywyd Crist yn cynnal y cread, gwarchod amrywiaeth a chyfoeth ei greadigaeth, a pharhau i gyhoeddi a gweithredu'r cymod a wnaed rhyngddo ef a'r ddynoliaeth ac a phob peth.

Iesu Grist am Byth

TRAFODAETH

1. Beth yw ystyr dweud bod Iesu'n cymodi'r holl greadigaeth â Duw?

2. A yw dysgeidiaeth Gristnogol wedi rhoi'r pwyslais bron yn gyfan gwbl ar Grist yn achub yr unigolyn ac wedi esgeuluso'r wedd gosmig ar ei waith achubol? Beth fu effeithiau hynny ar ein hagwedd at yr amgylchfyd a byd natur?

3. Os tasg yr eglwys yw tystio i waith Crist yn y cread, beth yw ymlygiadau ymarferol hynny yn wyneb yr argyfwng ecolegol heddiw?

4. Gwaith artist cyfoes o'r enw Frank Hendrey yw'r darlun uchod yn dwyn y teitl, 'Crist yn y Cosmos'[27]. Beth a fynegir gan y ffigur o Grist yn y gofod gyda'i freichiau ar led? A yw'n cyfrannu at ein dealltwriaeth o'r Crist Cosmig?

Iesu Grist am Byth

DIWEDDGLO

Crynhoi'r drafodaeth ac aelod o'r grŵp i ddarllen rhan o Salm 8.

> Pan edrychaf ar y nefoedd, gwaith dy fysedd,
> y lloer a'r sêr, a roddaist yn eu lle,
> beth yw dyn, iti ei gofio,
> a'r teulu dynol, iti ofalu amdano?
> Eto gwnaethost ef ychydig islaw duw,
> a'i goroni â gogoniant ac anrhydedd.
> Rhoist iddo awdurdod ar waith dy ddwylo,
> a gosod popeth dan ei draed:
> defaid ac ychen i gyd,
> yr anifeiliaid gwylltion hefyd,
> adar y nefoedd, a physgod y môr,
> a phopeth sy'n tramwyo llwybrau'r dyfroedd.
> O Arglwydd, ein Iôr, mor ardderchog yw dy enw ar yr holl ddaear!

Distawrwydd a chyfle i rai arwain mewn gweddi. Diweddu trwy gyd-ddarllen

Iesu Grist am Byth

Am y Gair a'r Grym, yn creu, yn llunio ac yn adfer,
   rhown ddiolch i ti, O Dduw.
Am i ti ein creu ar dy ddelw dy hun
   a phlannu ynom ddoniau creadigol;
am i ti ein creu i adnabod y da a'r drwg
   a rhoi inni'r ddawn i ddewis rhyngddynt;
am i ti ein creu yn deulu dynol
   a'n galw i garu a gofalu am ein gilydd;
am i ti greu byd llawn cyfoeth ac amrywiaeth ar ein cyfer
   a gosod arnom y cyfrifoldeb o ofalu amdano;
am i ti ein creu i'th addoli ac i fwynhau perthynas â thi;
am y Gair a'r Grym, yn ail-greu, ail-lunio ac ailadfer y byd,
   rhown ddiolch i ti, O Dduw. Amen.

Emyn: *'Ynot, Arglwydd, gorfoleddwn'* (Ll.E. 39).

Y FENDITH

THE ANGRY
Christ

Iesu Grist am Byth

ASTUDIAETH 11

CRIST Y BARNWR

AMCAN
Canfod ym mha ystyr y mae'r Testament Newydd yn portreadu Iesu Grist fel barnwr a thrafod beth yw arwyddocâd hynny i ffydd a bywyd Cristnogol heddiw.

CROESO A DEFOSIWN
Emyn: *'Wele'n dyfod ar y cwmwl'* (Ll.E. 680) a gweddi fer.

MAN CYCHWYN
Nid yn aml y byddwn yn canu emyn Pantycelyn i *Ddydd y Farn*, yn bennaf oherwydd fod ei ddarlun o Grist yn dychwelyd ar gwmwl a'r myrddiynau'n codi o'u beddau i'w gyfarfod yn anghyfarwydd i'n hoes ni ac yn codi nifer o broblemau. A oes lle i'r syniad o Grist y barnwr yn ein Cristnogaeth heddiw? O edrych yn fanylach ar ddisgrifiad Pantycelyn sylwn ei fod yn dweud dau beth pwysig. Yn gyntaf, Iesu Grist, yr *addfwyn Oen*, yw'r un sy'n dod i farnu. Ac yn ail, y mae'r byw a'r meirw yn ei groesawu'n llawen ac nid yw ei ddyfodiad yn amser i *gofio beiau*, ond yn hytrach i ddathlu ei faddeuant a'i gariad.

Yn eglwys Wieskirche ym mhentref Weis bei Neugaden yn Bavaria, eglwys *rococo* a godwyd yn y ddeunawfed ganrif ac a ddisgrifiwyd fel yr eglwys bentref harddaf yn y byd, ceir portread o Grist y Barnwr ar nenfwd yr eglwys gan yr arlunydd Johann Zimmermann. Yr un math o bortread â Phantycelyn sydd gan Zimmermann. Gwelir Crist yn dychwelyd fel barnwr, wedi ei amgylchu â goleuni llachar ac yn eistedd ar enfys, yr arwydd o gymod ac o gyfamod newydd. Â'i law dde y mae'n pwyntio at y groes ac â'i law chwith at y clwyfau yn ei ochr ac at ei galon, y symbol o'i gariad.

Iesu Grist am Byth

Y peth cyntaf i'w ddweud am ddysgeidiaeth y Testament Newydd yw mai Iesu Grist, a ddaeth i gymodi'r byd â Duw, yw'r un sy'n dod i farnu, nid unrhyw farnwr llym a dialgar. Fel y dywedod Luther, 'Diolch i Dduw mai Iesu Grist yw ein Barnwr terfynol, nid ein cyd-Gristnogion, nid unrhyw lys eglwysig, ac nid unrhyw awdurdod dynol!'

Y mae pob crefydd sy'n rhoi pwyslais ar ymddygiad moesol, ar ufuddhau i orchmynion Duw, ar barch at gyd-ddyn ac ar weithredu cyfiawnder, heddwch a thrugaredd yn ymwneud pobl â'i gilydd, o rheidrwydd yn cynnwys hefyd y syniad o atebolrwydd ac o wynebu barn. Y mae crefydd foesegol yn seiliedig ar ufudd-dod i fwriadau a deddfau Duw, ac ar gyfrifoldeb dyn i roi cyfrif o'i fywyd a'i waith i Dduw, yn enwedig felly ei ymagweddiad tuag at ei gyd-ddyn a'i ymateb i angen y tlawd a'r gwan. Gwelwn fod y themâu hyn yn amlwg yn namhegion Iesu. Y mae'r meistr yn cosbi'r gwas anfaddeugar oherwydd iddo wrthod maddau i un o'i gydweision (Math.18: 21-35). Yn nameg y talentau condemnir y gŵr nad yw'n defnyddio'r doniau a roddwyd iddo gan Dduw (Math. 25: 14-30). Ac yn yr un bennod bernir y cenhedloedd sy'n anystyriol o anghenion y newynog, y caeth, yr amddifad a'r claf (Math.25: 3146). A chondemnir y cyn cyfoethog am iddo ddiystyru angen Lasarus dlawd (Luc 16: 19-31).

Teimlai Iesu'n ddig at y cyfnewidiwyr arian am eu bod yn anonest ac yn halogi tŷ Dduw. Teimlai'n ddig wrth y Phariseaid am eu bod yn ddibris o anghenion y tlodion ac am eu bod yn gwneud defod yn bwysicach na thosturi. Ein tuedd ni yw bod yn ddig pan deimlwn ein bod ni wedi cael cam a bod rhywun wedi'n trin yn annheg. Ond yr oedd Iesu'n ddig pan welai bobl eraill yn cael cam, hawliau dynol yn cael eu mathru a phethau Duw yn cael eu halogi. Dicter cyfiawn oedd ymateb Iesu pan welai'r gwan a'r diniwed yn dioddef gormes a dynion balch a hunan-gyfiawn yn ymddwyn yn rhagrithiol.

Barn yw bod yn ymwybodol o bresenoldeb yr Arglwydd Iesu a theimlo'i sancteiddrwydd yn dinoethi'n beiau ac yn pigo'n cydwybod, fel bod ein heuogrwydd yn ein plygu, ac yn ein gorfodi ar ein gliniau i ymbil am faddeuant. Yn ei gerdd *Yr Hen Emynau* mae Gwenallt[28] yn sôn am emynau ieuenctid yn canu eilwaith yn y cof

> *. . . Dwyn y crud, y Groes, y bedd gwag a'r Pentecost*
> *Yn ôl o'r newydd, yn danbaid newydd;*
> *Ac o dan y diferion gwaed a'r dŵr*
> *Cusanu ei fuddugoliaethus draed,*
> *Heb feiddio edrych gan euogrwydd ar sancteiddrwydd*
>   *ofnadwy ei wyneb.*

Ai ofni edrych gan euogrwydd ar sancteiddrwydd ofnadwy wyneb Crist yw'r profiad o farn?

ASTUDIAETH FEIBLAIDD

Yn ei araith yn nhŷ Cornelius dywed Pedr fod Duw wedi eu gorchymyn fel apostolion i gyhoeddi mai Crist yw'r un a benodwyd gan Dduw yn farnwr ar bawb:

'Gorchmynnodd i ni bregethu i'r bobl, a thystiolaethu mai hwn yw'r un a benodwyd gan Dduw yn farnwr y byw a'r meirw. I hwn y mae'r holl broffwydi'n tystio, y bydd pawb sy'n credu ynddo ef yn derbyn maddeuant pechodau trwy ei enw' (Actau 10: 42-43).

Byw yn gymeradwy yng ngolwg yr Arglwydd yw cyfrifoldeb pob Cristion, yn ôl Paul, gan gofio y bydd rhaid iddo ymddangos gerbron brawdle Crist:

'Y mae ein bryd, felly, gartref neu oddi cartref, ar fod yn gymeradwy ganddo ef. Oherwydd rhaid i fywyd pawb ohonom gael ei ddwyn i'r amlwg gerbron brawdle Crist, er mwyn i bob un dderbyn ei dâl yn ôl ei weithredoedd yn y cnawd, ai da ai drwg' (2 Corinthiaid 5: 9-10).

Wrth apelio at ei ddarllenwyr i ymddwyn yn amyneddgar ac yn rasol tuag at ei gilydd dywed Iago fod ailddyfodiad yr Arglwydd yn agos a'r barnwr yn sefyll wrth y drws:

'Byddwch chwithau hefyd yn amyneddgar, a'ch cadw eich hunain yn gadarn, oherwydd y mae dyfodiad yr Arglwydd wedi dod yn agos. Peidiwch ag achwyn ar eich gilydd, fy mrodyr, rhag ichwi gael eich barnu. Gwelwch, y mae'r barnwr yn sefyll wrth y drws' (Iago 5: 8-9).

Yn ôl Efengyl Ioan rhoddodd Duw yr hawl i farnu i'r Fab; ymddiriedwyd iddo awdurdod barnwr gan ei Dad:

"'Nid yw'r Tad chwaith yn barnu neb, ond y mae wedi rhoi pob hawl i farnu i'r Mab, er mwyn i bawb roi i'r Mab yr un parch ag a rônt i'r Tad . . . Rhoddodd iddo hefyd awdurdod i weinyddu barn, am mai Mab y Dyn yw ef. Peidiwch â rhyfeddu at hyn, oherwydd y mae amser yn dod pan fydd pawb sydd yn eu beddau yn clywed ei lais ef ac yn dod allan; bydd y rhai a wnaethant ddaioni yn codi i fywyd, a'r rhai a wnaethant ddrygioni yn codi i farn. Nid wyf fi'n gallu gwneud dim ohonof fy hun. Fel yr wyf yn clywed, felly yr wyf yn barnu, ac y mae fy marn i yn gyfiawn, oherwydd nid fy ewyllys i fy hun yr wyf yn ei cheisio, ond ewyllys yr hwn a'm hanfonodd i'" (Ioan 5: 22-23, 27-30).

Er bod person a gair Iesu yn barnu pawb, eto nid i farnu ond i achub y byd y daeth i'r byd yn bennaf:

"'Os yw dyn yn clywed fy ngeiriau i ac yn gwrthod eu cadw, nid myfi sy'n ei farnu, oherwydd ni ddeuthum i farnu'r byd ond i achub y byd. Y mae gan y dyn sy'n fy ngwrthod i, ac yn peidio â derbyn fy ngeiriau, un sydd yn ei farnu. Bydd y gair hwnnw a leferais i yn ei farnu ef yn y dydd olaf'" (Ioan 12: 47-48).

Daeth Iesu Grist i'r byd yn bennaf i ddatguddio cariad y Tad ac i gymodi'r byd ag ef. Ar yr un pryd y mae disgleirdeb ei gariad sanctaidd yn dangos hylltra drygioni dynol ac yn ennyn ymdeimlad o euogrwydd. Dyna yw'r profiad o farn, sy'n arwain at edifeirwch a maddeuant. Er bod y Testament Newydd yn cysylltu barn ag ailddyfodiad Iesu Grist a hefyd ag awr angau, ar yr un pryd pwysleisir fod pob cyfarfyddiad â Christ yn foment o farn. Y mae ei berson, ei ddysgeidiaeth a'i esiampl yn barnu pob drwg sydd ynom ni: ein meddyliau amhur, ein geiriau angharedig, ein hymddygiad balch, ein cymhellion hunanol, ein difaterwch yn wyneb angen a phoen a thlodi, ein diffyg ffydd, ein tlodi ysbrydol a phob pechod sy'n staen ar ein heneidiau. Y mae deddfau ac egwyddorion ei deyrnas yn farn gyson ar bob anghyfiawnder a gormes, ar bob achlysur o ryfel a thrais, ar bob sefyllfa o newyn ac annhegwch economaidd, ar bob achos o fathru hawliau dynol. Y mae ei ddicter cyfiawn yn ein cywilyddio, ein gwyleiddio a'n sbarduno i ymroi i hybu ei deyrnas o heddwch a chyfiawnder ar y ddaear.

TRAFODAETH

1. Pa wahaniaeth a wneir i'n syniad am farn o gofio mae'r Crist trugarog yw ein barnwr?

2. Ym mha ystyr y mae pob cyfarfyddiad â Christ yn farn arnom?

3. Pa ffactorau yn ein bywyd cyfoes a'n gwybodaeth wyddonol a thechnolegol sy'n peri i ni ymwrthod â'r syniad o farn?

4. Lino Pontebon yw'r arlunydd a luniodd y darlun uchod o'r Crist Digllon.[29] A yw'n llwyddo i gyfleu'r syniad o ddicter cyfiawn? Beth yw'r gwahaniaeth rhwng gwylltineb, cynddaredd a llid cyfiawn? O gofio mai Cristion o Asia yw'r arlunydd, beth dybiwch chi a'i sbardunodd i portreadu Crist fel hyn?

Iesu Grist am Byth

DIWEDDGLO

Crynhoi prif bwyntiau'r drafodaeth. Aelod o'r grŵp i ddarllen y dyfyniad canlynol o gerdd gan Edmund Banyard[30]:

Y mae Edmund Banyard yn disgrifio gŵr gerbron llys mewn gwlad ormesol yn cael eu gyhuddo ar gam. Nid oes ganddo'r addysg na'r ddawn i'w amddiffyn ei hun yn effeithiol, ond y mae'n dychmygu'r hyn yr hoffai ei ddweud pe medrai:

> *'Yr wyf dan gondemniad gan nad oes lle i mi*
> *o dan eich cyfraith chwi.*
> *'Rwy'n cydnabod fy nhroseddau:*
> *'Rwy'n ddigartref, yn chwilio am loches*
> *lle gallaf fagu fy nheulu yn ddirodres weddaidd.*
> *'Rwyf heb ddinasyddiaeth, yn chwilio am wlad*
> *lle gallaf fod â hawl ar ddaear dda Duw.*
> *'Rwy'n ddiymgeledd, yn hawlio fy nghyfran*
> *o'r cyfoeth a berthyn i'n hetifeddiaeth gyffredin.*
> *'Rwy'n bechadur, ac arnaf angen cymorth fy nghyd-bechaduriaid.*
>
> *'Byddwch yn cael gwared ohonof yn ôl eich cyfraith,*
> *ond ni chewch wared mor hawdd ohono ef –*
> *yr un sy'n fy mherchen fel dinesydd o'i deyrnas.*
> *Y mae ef yn gwgu ar droseddau a ganiateir gan eich cyfraith chwi:*
> *balchder, hunanoldeb a thrachwant,*
> *hunangyfiawnder,*
> *addoli pethau materol,*
> *a gwrthod fy nghydnabod i fel brawd.*

Iesu Grist am Byth

'Caf fy nghondemnio gan eich cyfraith chwi;
ond rhyw ddydd bydd rhaid i chwithau ateb
i'n Meistr ni oll
am y difrod a achoswyd gan eich cyfraith chwi
o fewn ei diriogaeth ef.'

Amser i weddi rydd, yna pawb i gyd-ddarllen:

Arglwydd Iesu, diolch i ti am ddangos i ni
dy drugaredd, dy dosturi, a'th ras:
trugaredd sy'n drech na'n pechodau ni;
tosturi sy'n gryfach na holl gasineb dynion;
gras sy'n rymusach na chaledwch ein calonnau.
Ynot ti yr ymddiriedwn, oherwydd ynot ti y mae ein gobaith. Amen.

Emyn: 'At Un a wrendy weddi'r gwan' (Ll.E. 454).

Y FENDITH

ASTUDIAETH 12

CRIST, ALFFA AC OMEGA

AMCAN

Canfod tarddiad ac ystyr yr ymadrodd Alffa ac Omega, deall ei arwyddocâd fel teitl i Iesu Grist a thrafod ei berthnasedd i'n dealltwriaeth ni o amser ar ddiwedd y mileniwm.

CROESO A DEFOSIWN

Emyn: *'Iesu, nid oes terfyn arnat'* (Ll.E. 185) a gweddi agoriadol.

MAN CYCHWYN

Alffa yw llythyren gyntaf ac *Omega* yw llythyren olaf y wyddor Roegaidd. Defnyddiwyd y ddwy lythyren fel disgrifiad o Dduw ac i ddynodi dechrau a diwedd amser. Yn ôl y meddylwyr Groegaidd yr oedd Duw yn ddechreuad pob peth gan mai ef a'u creodd ac ohono ef y mae pob peth yn tarddu. Ef yw'r diwedd gan mai tuag ato ef y mae pob peth yn symud ac yn dod i'w gyflawnder ynddo. Ef yw'r canol gan ei fod ef ym mhob peth ac ynddo ef yn mae pob peth yn bodoli.

Ceir yr un syniad yn yr Hen Destament. Y mae'r Proffwyd Eseia yn clywed Duw yn dweud wrtho, *'Myfi, yr Arglwydd, yw'r dechrau, a myfi sydd yno yn y diwedd hefyd'* (Eseia 41:4). Yr hyn sy'n rhyfeddol yw fod yr ymadrodd hwn, a ddefnyddir fel disgrifiad o Dduw yn unig, yn cael ei ddefnyddio yn Llyfr y Datguddiad i ddisgrifio Iesu Grist. Y Duw sy'n ddechrau ac yn ddiwedd yw'r un a ddatguddir yn Iesu a'r un sydd ar waith yn y byd trwy Iesu Grist.

Y mae'r syniad hwn o Grist fel Alffa ac Omega yn ein cyfeirio at ystyr a diben *amser*. Yn y Beibl y mae amser yn fwy na threigliad munudau, oriau, dyddiau a blynyddoedd. Creadigaeth Duw a'i rodd i ddyn yw amser, ac felly y mae i amser ei ddechreuad a'i darddiad yn Nuw, a bydd yn dod i'w derfyn pan ddaw pob peth i gyflawnder yng Nghrist. Gan fod i amser felly darddiad a diwedd ym mhwrpas Duw y mae hynny, yn ei dro, yn rhoi ystyr i'r presennol. Yn y foment bresennol y mae Duw yn ein cyfarfod, ein hawlio a'n herio: '*Dyma yn awr yr amser cymeradwy; dyma, yn awr, ddydd iachawdwriaeth,*' meddai Paul, gan dyfynnu o Eseia (2 Cor. 6: 2; Eseia 49: 8).

Y mae'r Beibl yn ein tywys cam ymhellach. Gan fod amser yn rhan o greadigaeth Duw y mae cwrs hanes o dan ei lywodraeth. Gwelai'r proffwydi law Duw yn nigwyddiadau gwleidyddol eu cyfnod a'r digwyddiadau hynny'n perthyn i broses ddwyfol a fyddai'n dod i uchafbwynt mewn barn, neu ddial neu waredigaeth. Yn yr un modd, yn y Testament Newydd dehonglir y berthynas rhwng amser a thwf teyrnas Dduw. Yn Iesu y mae'r deyrnas wedi ymddangos, ond y mae eto i ddod i'w llawnder yn niwedd amser.

Y mae'r hyn sy'n wir am hanes ac am y deyrnas yn wir hefyd am ein bywydau unigol. Meddai Job, ar ôl colli ei blant a'i gyfoeth, '*Yr Arglwydd a roddodd, a'r Arglwydd a ddygodd ymaith. Bendigedig fyddo enw'r Arglwydd*' (Job 1: 21). Oddi wrth Dduw y daethom ac at Dduw y dychwelwn. I'r Cristion, Iesu yw Alffa ac Omega ei fywyd personol.

Yn ei *Hanes Eglwysig Lloegr* y mae Beda (673-735 O.C.) yn adrodd hanes y cenhadwr Paulinus yn pregethu o flaen Aedwin, brenin Gogledd Lloegr.[31] Wedi iddo orffen pregethu gofynnodd y brenin i'w gynghorwyr am eu barn am y grefydd newydd hon. Dyma'r ateb a roddodd un ohonynt:

'*Fel hyn, O Frenin, yr wyf yn gweld bywyd dyn ar y ddaear hon, wrth ei gymharu gyda'r amser na wyddom amdano. Y mae fel pe bai aderyn y to wedi hedfan trwy'r neuadd, yn dod i mewn trwy un drws ac yn mynd allan trwy'r llall . . . Pan fo'r aderyn y tu mewn, y mae'n cael cysgod rhag y storm, ond wedi'r seibiant byr o dawelwch y mae'n diflannu i'r oerfel, ac ni wêl neb ef ragor. Felly y mae bywyd dyn yn weladwy am funud, ond ni wyddom beth* ddaw o'i flaen, neu beth a ddilyn ar ei ôl. Os yw'r grefydd hon, felly, yn cynnig mwy o oleuni ar ddechrau ac ar ddiwedd bywyd, y mae'n werth ei dilyn.'

'Heb Grist nid yw bywyd ond bodolaeth diystyr a digyfeiriad rhwng tywyllwch genedigaeth a thywyllwch marwolaeth ' (Helmut Thielicke). A ydych yn cytuno?

ASTUDIAETH FEIBLAIDD

Wrth sôn am waith Duw yn gwaredu ei bobl o gaethiwed ym Mabilon, dywed Eseia mai Duw yw'r *dechrau* a'r *diwedd*, yn bodoli cyn i hanes gychwyn ei gwrs, ac ef fydd yn aros wedi i bopeth arall ddarfod:

'Myfi, yr Arglwydd, yw'r dechrau, a myfi sydd yno yn y diwedd hefyd' (Eseia 41:4).

'Dyma a ddywed yr Arglwydd, brenin Israel, Arglwydd y Lluoedd, ei waredydd: "Myfi yw'r cyntaf, a myfi yw'r olaf; nid oes duw ond myfi"' (Eseia 44: 6).

Teirgwaith yn Llyfr y Datguddiad y defnyddir yr ymadrodd *Alffa ac Omega*, dwywaith mewn perthynas â Duw, ac unwaith fel disgrifiad o'r Arglwydd Iesu. Yn ei ragymadrodd i'w weledigaethau y mae Ioan, awdur y Datguddiad, yn datgan mai oddi wrth Dduw y cafodd ei weledigaethau:

'"Myfi yw Alffa ac Omega," medd yr Arglwydd Dduw, yr hwn sydd a'r hwn oedd a'r hwn sydd i ddod, yr Hollalluog' (Dat. 1: 8).

'Yna dywedodd yr hwn oedd yn eistedd ar yr orsedd, "Wele, yr wyf yn gwneud pob peth yn newydd." Dywedodd hefyd, "Ysgrifenna, oherwydd dyma eiriau ffyddlon a gwir." A dywedodd wrthyf, "Y mae'r cwbl ar ben. Myfi yw Alffa ac Omega, y dechrau a'r diwedd"' (Dat. 21: 5-6).

Wrth sôn am ailddyfodiad Crist y mae Ioan yn clywed Iesu'n dweud:

'"Wele, yr wyf yn dod yn fuan, a'm gwobr gyda mi i'w rhoi i bob un yn ôl ei weithredoedd. Myfi yw Alffa ac Omega, y cyntaf a'r olaf, y

Iesu Grist am Byth

dechrau a'r diwedd"' (Dat. 22: 12-13).

Y mae i'r geiriau *cyntaf* ac *olaf, dechrau a diwedd,* ddau ystyr. Y maent yn golygu dechrau yn yr ystyr o fan cychwyn, a diwedd yn yr ystyr o *derfyn* neu *ddiweddglo.* Ond gallent hefyd olygu dechrau yn yr ystyr o *ffynhonnell* neu *darddiad,* a diwedd yn yr ystyr o nod neu *gyflawniad.* Golyga hynny mai'r Gair dwyfol, a ddaeth yn gnawd yn Iesu Grist, yw ffynhonnell amser a bywyd a thuag ato ef, nod ac amcan pob peth, y mae amser a bywyd yn symud. Ef yw crëwr bywyd ac ynddo ef y mae bywyd yn cael ei gyflawni a'i berffeithio. Oddi wrtho ef y daethom, ac yn ôl ato ef yr awn. Yr un syniad a fynegir gan yr Apostol Paul pan ddywed, *'Oherwydd ef yw ffynhonnell, cyfrwng a diben pob peth. Iddo ef y bo'r gogoniant am byth! Amen.'*

TRAFODAETH

1. A yw credu bod amser a hanes yn tarddu o Dduw ac yn symud tuag at eu cyflawniad yn Nuw yn rhoi arwyddocâd arbennig i droad y mileniwm?

2. 'Y mae dweud mai Iesu Grist yw Alffa ac Omega yn gyfystyr â dweud mai cariad yw ffynhonnell a diben bywyd.' A ydych yn cytuno?

3. Sut ddylem ni heddiw ddeall ystyr ac arwyddocâd ailddyfodiad Iesu Grist?

4. Murlun o Gatacwm Commodilla, i'r De o Rufain, yw'r darlun uchod.[32] Yn dyddio o'r bedwaredd ganrif, y mae'n un o'r portreadau hynaf mewn bod o'r Arglwydd Iesu Grist. Y mae'n ei ddarlunio gyda'r llythrennau Alffa ac Omega o boptu iddo, yn arwyddo mai ynddo ef y mae dechrau a diwedd bywyd. O gofio pa mor hen yw'r darlun a'i fod wedi ei baentio ar fur claddgell, a yw'r dehongliad hwn o Iesu yn ein helpu ni i ddeall ystyr marwolaeth?

Iesu Grist am Byth

Yn dilyn crynodeb o'r drafodaeth, y grŵp i ymdawelu ac un i ddarllen

Gariad byw,
tarddiad bywyd ac anadl,
crëwr y byd a'r nefoedd,
rhoddwr bwyd a diod,
dillad a gwres,
a bywyd yn ei holl amrywiaeth a'i harddwch:
   Ti yw Alffa ac Omega,
   dechrau a diwedd pob peth.

Gair Duw mewn cnawd,
cyfaill y tlawd,
un ohonom ni ac eto'n un â Duw,
croeshoeliedig ac atgyfodedig,
yn dwyn pob peth i gyflawnder:
   Ti yw Alffa ac Omega,
   y cyntaf a'r olaf.

Gwynt ac anadl dwyfol,
egni dihysbydd bywyd,
yn dwyn trefn o anhrefn,
yn cynhyrfu ac yn diddanu,
yn bywhau ac yn adfywio,
yn anweledig ond yn llenwi popeth:
   Ti yw Alffa ac Omega,
   gyda'r Tad a'r Mab, yn un Duw,
   o'r dechrau i'r diwedd ac yn oesoedd.

Iesu Grist am Byth

Amser o weddi rydd i'w derfynu trwy gyd-ddarllen Gweddi Milflwyddiant Cafod:

Dduw'r oesoedd, Arglwydd amser,
ti yw'r Alffa a'r Omega,
tarddle a chyrchfan pob peth byw,
eto yr wyt ti'n agos at y rhai
sy'n galw arnat mewn ffydd.

Edrychwn ymlaen yn eiddgar a llawen
at Jiwbili dyfodiad dy Fab i'n plith
ddwy fil o flynyddoedd yn ôl.
Diolchwn i ti am y blynyddoedd
o fendith a roddaist i'th bobl.

Dysg ni i rannu'n deg
y pethau da sy'n dod o'th law;
i ddwyn heddwch a chymod i'r mannau
sy'n llawn o ymrafael ac anhrefn;
i eiriol dros y rhai sydd yn ddi-lais,
ac i lawenhau yn y cwlwm o fawl a gweddi
sy'n ein huno ni â'n brodyr a'n chwiorydd
ledled y byd.

Pan ddaw Crist eto mewn gogoniant
boed iddo'n gweld ni'n byw yr Efengyl,
boed iddo'n galw ni i'r Deyrnas honno
lle, gyda thi a'r Ysbryd Glân,
y mae'n Dduw, i'w foli, ei addoli a'i ogoneddu,
yn awr a hyd byth. Amen.

Iesu Grist am Byth

Emyn: *'Diolchwn oll i Dduw'* (Atodiad 807).

Y FENDITH

FFYNONELLAU

1. Meirion Evans, *Y Corn Olew*, Cyhoeddiadau Barddas, 1986.
2. Willis S. Wheatley, *'Jesus Christ, Liberator,'* Division of Mission, United Church of Canada, o *Risk*, Cyf. II, Rhif 2-3, Cyngor Eglwysi'r Byd, Genefa, 1975.
3. Hywel D. Lewis, *Dilyn Crist*, Bangor, 1951.
4. Gareth Lloyd Jones, *Lleisiau o'r Lludw*, Gwasg Gee, Dinbych, 1994.
5. Marc Chagall, *'The White Crucifixion,'* 1938, The Art Institute of Chigago, o Jaroslav Pelikan, *Jesus Through the Centuries*, Yale, 1985.
6. ibid. (Cyf.)
7. Morris Maddocks, *The Christian Healing Ministry*, S.P.C.K., London, 1990. (Cyf.)
8. Giovanni Meloni, *'Gesu medico,'* Galleria d'Arte Sacra Contemporanea, Assisi, o *Risk*.
9. I. D. Hooson, *Y Gwin a Cherddi Eraill*, Gwasg Gee, Dinbych, 1948.
10. Isaac Jones, *Bywyd a Goleuni: Myfyrdodau ar Efengyl Ioan*, Gwasg Pantycelyn, Caernarfon, 1985.
11. Ford Madox Brown, *'Jesus Washing the Feet of Peter,'* The Tate Gallery, London, o Nancy Grubb, *The Life of Christ in Art*, Artabras, London, 1996.
12. Gwilym R.Tilsley, *Yr Eurgrawn*, Cyf.166, 1969.
13. El Greco, *'The Saviour,'* c.1610-14, Museo del Greco, Toledo, o Jaroslav Pelikan, *Jesus Through the Centuries*.
14. Alan Llwyd, *Cerddi Alan Llwyd 1968-1990*, Cyhoeddiadau Barddas, 1990.
15. Richard Bennett, *Blynyddoedd Cyntaf Methodistiaeth*, Caernarfon, 1909.

16. Guido Rocha, 'The Tortured Christ,' 1975, All Africa Conference of Churches Training Centre, Nairobi, o Hans-Ruedi Weber, *On a Friday Noon*, S.P.C.K., London, 1979.

17. *Cyfansoddiadau a Beirniadaethau*, Eisteddfod Genedlaethol Cymru, Aberystwyth, 1952.

18. Dewi Eirug Davies, *Chwyldro Duw a Homiliau Eraill*, Gwasg John Penri, Abertawe, 1995.

19. William Blake, '*Christ Appearing to the Apostles after the Resurrection*,' c. 1795, Yale Centre for British Art, o Jarislav Pelikan, *Jesus Through the Centuries*.

20. Gwasanaeth Adnewyddu'r Cyfamod, *Llyfr Gwasanaeth yr Eglwys Fethodistaidd*, Llyfrfa Talaith Cymru, 1985.

21. C. S. Lewis, *Surprised by Joy*, Geoffrey Bles, London, 1955. (Cyf.)

22. Rolando Zapata, '*The Power of the Powerless*,' (1976), Casgliad Preifat, Genefa, o Hans-Ruedi Weber, *On a Friday Noon*.

23. George Rees, *Mab y Dyn*, Llyfr Emynau M.C. 231.

24. Hans Küng, *The Church*, Burns and Oates, London, 1967. (Cyf.)

25. John Johansen-Berg, *Gweddïau'r Pererin*, Addasiad Cymraeg Glyn Tudwal Jones, Cyhoeddiadau'r Gair, 1996.

26. W. Rhys Nicholas, *Gweddiau a Salmau*, Gwasg John Penri, Abertawe, 1989.

27. Frank Hendrey, '*Christ in the Cosmos*,' (1998), Static Gallery, Roscoe Lane, Liverpool.

28. Gwenallt, *Gwreiddiau*, Gwasg Gomer, Llandysul, 1959.

29. Lino Pontebon, '*The Angry Christ*,' Asian Christian Art Association, o Masao Takenaka a Ron O'Grady, *The Bible Through Asian Eyes*.

Ffynonellau

30.   Geoffrey Duncan, *Dare To Dream*, Fount, London, 1995. (Cyf.)

31.   Bede, *The Ecclesiastical History of the English Nation*, Everyman, J. M.Dent, London, 1916. (Cyf.)

32.   '*Christ in Majesty, with Alpha and Omega*,' (G.4edd) Claddgell Commodilla, i'r De o Rufain, o John Macmanners, *The Oxford Illustrated History of Christianity*, Oxford, 1990.